超越乌卡

不确定时代的长期主义思考

吴晨 / 著

浙江大学出版社

推荐序

吴晨是一位非常勤奋的媒体同行，对行业和经济发展趋势保持敏锐的洞察和思考，近年来尤其笔耕不辍，把观察和见解付诸文字，本书是他的第三本著作，也是集新冠疫情后各种思考和展望于一本的、较为完整集中体现作者观点的著作。新冠疫情以来已近两年，诸多不确定性和颠覆性逼迫我们重新思考"乌卡"包含的四个因素，对于如何从企业和个人层面超越乌卡，推行科学与创新，实践真正的长期主义，以不变应万变等问题，本书都在尝试给出思路和解决方案。诚如作者所说，瞬息万变的20年代，才是考验和历练长期主义的最佳时机。

——张延，英国《金融时报》FT中文网出版人

在充满不确定性的大变局中预期未来是一种冒险。更何况与之相伴的还有波动性、复杂性和模糊性。吴晨乐在其中。他旁征博引，娓娓道来，让我们在全球视野中窥见未来可能的图景。不过他并没有止步于宏观叙事，而是从管理、组织变革谈到企业文化和职场人生，使这本书也充满了"烟火气"。因为对世界的所有认识还是

超越乌卡:不确定时代的长期主义思考

会归结为一个问题:我们怎么办?他的答案是:拥抱长期主义。对于今天的中国和我们来说,这一点尤其重要。

——文钊,《经济观察报》执行总编辑

面对不确定的世界和未来,我们需要一个指南针,本书将指引读者走出重重迷雾,拥抱变革!

——邵宇,东方证券首席经济学家

序

新十年的地平线

新冠肺炎疫情让每个人都对乌卡(VUCA)有了更加清晰且深刻的认知。乌卡指代Volatile(波动性)、Uncertainty(不确定性)、Complexity(复杂性)和Ambiguity(模糊性),也是现在这个时代的最基础特征。

首先,新冠肺炎疫情的肆虐让波动性加剧。疫情的起伏给经济带来的冲击此起彼伏,疫情的反复也给商业带来极端的"压力测试"。在正常商业环境中,压力测试意味着一家企业需要对潜在的外部环境冲击做好准备:如果销售额下跌两成,企业是否有足够的韧性去应对。但是疫情带来的新挑战让极端压力测试可能变成当销售额下降九成,企业能否存活。航空业、海外游等这些在过去五年全球平均保持5%～10%增长的行业恰恰面临了这种极端的波动性。

其次,不确定性变成常态。什么是不确定性,就是未来发生不

超越乌卡:不确定时代的长期主义思考

连贯、跳跃式的变化,未来的变化不再基于过往对趋势的预测。对历史数据的分析,并无法推导出未来突现的"黑天鹅"。换句话说,未来的变化不一定是**线性发展**、有规律可循的。不确定性也让我们的经验迅速折旧。

疫情让我们对"黑天鹅"有了更加深刻的认知。"黑天鹅"事件群发有两大特点:一是彻底的**不确定性**;二是带来**巨大灾害**的可能性,而这种灾害可能对系统带来无法挽救的打击,甚至彻底摧毁人类用以**决策的系统**。

再次是复杂性。复杂性与不确定性有着密切关系。因为不确定性的存在,外部环境不断发生变化。在一个外部环境发生剧变的情况下,没有办法及时准确提供正反馈,过去的经验无法适用于变化的世界,全新的问题也根本没有正确答案。这都需要创新跨界地去创造性地解决问题,去触类旁通地分析问题。

最后是模糊性。模糊性最常见的说法就是并不清楚前路在哪里,它其实解释了为什么不确定性是常态,因为我们每个人都不可能掌握全部和完备的信息。应对新冠肺炎疫情常常用战争迷雾(fog of war)来形容缺乏充分准确信息的状态。在缺乏充分准确信息的时候,我们所做出的决定一定有应对性和偶然性,不可能有完全准确的预测。试错,坦然面对失败,不断总结经验,快速迭代,都变得更重要。

在我们身处的 21 世纪 20 年代,理解乌卡并超越乌卡,成为必需。

序：新十年的地平线

过去三年，我一直在思考应对复杂多变世界的正确姿势。2019年出版的《聚变——商业和科技的前沿思考》是破局的思考，强调在一个科技迭代加速的时代，我们应该走出自己的舒适圈，在更广阔的世界中找寻解决复杂新问题的切入点。2020年疫情之中出版的《转型思维——如何在数字经济时代快速应变》，则更切中肯綮，强调在疫情的表象之下，剧烈的数字化转型大幕正在加速开启。到了2021年，全球应对疫情已经超过了18个月，这本新书《超越乌卡——不确定时代的长期主义思考》则放长到十年的尺度，从宏观、企业和个人三个层面探讨处于后疫情的20年代，持续创新所需要的长期主义和韧性，探索超越乌卡之道。

本书的第一部分从宏观视角对危机带来的冲击做了一番梳理，也给出了应对危机的几种思路。过去一百年历史上有过多场危机，不同国家应对危机的成败给了后人宝贵的经验教训。当下的疫情危机是巨大的压力测试，突出了韧性的重要性，也让我们意识到此前片面追求效率的盲点。和大流行病相比，气候危机将是未来几十年全人类需要共同面对的长期危机，而贫富差距问题则是一系列冲突和矛盾背后亟待解决的深层次问题。

本书的第二部分聚焦于科学和创新。如果说疫情背后有"乌云上镶嵌的金边"，那一定是科研突破让疫苗在创纪录的短时间内被研制出来。应对危机，必须依赖科学的发展，也必须要持续推动创新。疫情过后，科技加速迭代，创新推动变革，需要坚持科学的态度，需要国家制定强有力的科研政策，尤其要加大基础科研的投入，

超越乌卡：不确定时代的长期主义思考

也需要创造激励机制，促使产学研一起追求创新的"无尽前沿"，更需要商业推动应用创新。科学、创新、变革的基础是教育，尤其是适应未来剧变时代的教育，其核心不是功利心推动的零和游戏，而是好奇心推动的多样化发展。

本书的第三和第四部分着力于分析为超越乌卡企业需要做哪些管理与组织变革，个人又应该怎样做好准备。因为后疫情时代为企业组织与个人职场的发展都提出了新课题。

首先，企业在面临经济前景的不确定性和充满挑战的外部环境时，需要花更大力气去调动员工的自主性和自发性。员工的创新是企业创新的源泉。这需要企业在灵活办公、员工福利、员工激励等多维度下功夫，也需要企业花更多精力去发掘人才，培养人才。

其次，企业在推动数字化转型时，也需要注意照顾一些员工可能面临的"数字鸿沟"，帮助他们更好地去跨越这些数字鸿沟。通常情况下，企业转型的速度是远远慢于年轻员工的数字化水平提高速度。但在一些员工平均年龄比较大的企业，反向的问题也同时存在，更多的数字化培训变得非常重要。

第三，企业需要组织创新。敏捷组织将变得更加普遍。敏捷组织会打破企业内部的阶层，更加强调对员工个人的赋能，以及小团队问题导向的工作方式。如何帮助员工更好适应敏捷组织的需求，推动自身转型，也是企业与员工一起成长的最大福利。

最后，在经历了疫情的洗礼之后，工作将更加多变。2020年以前，梳理工作未来的语境，更多是在探讨人工智能会在哪些领域、多

序：新十年的地平线

高程度取代现有的工作,以及在科技迭代的过程中会创造出哪些新工作。疫情加速了数字化转型,也给职场带来了全新但是更加直接的改变。

超越乌卡,需要对宏观环境的演进有清晰的判断,对科技的变化有敏锐的认知,需要永葆好奇心,拥有质疑的态度和科学的精神,需要不断去尝试,勇于失败,更需要形成终身学习的习惯。

当然,归根到底,无论是企业还是个人,都需要坚持长期主义。以不变应万变,是为能!

目 录

01 形势篇：注定不平凡的20年代

列宁在十月革命之后曾经说了这么一句话：很多时候是十年如一日，另一些时候却是一日如十年，在经历长时间的停滞之后，会在很短时间内发生剧变。用列宁的这句话来描述新冠肺炎疫情在如此短暂的时间内给全世界带来的改变，再贴切不过了。

危机识韧性　/ 003

后新冠肺炎疫情时代，如何迎击全球化的挑战？
　　/ 008

贫富差距拉大是贸易战的根本原因　/ 020

应对危机的思维框架　/ 030

英国脱欧话德国　/ 035

英国，在帝国想象中迷失：从苏伊士运河说起　/ 046

如何应对全球变暖？　/ 057

从大分流看制度创新　/ 063

02 创新篇:科学、教育与变革

科学、创新、变革的基础是教育,尤其是适应未来剧变时代的教育,其核心不是功利心推动的零和游戏,而是好奇心推动的多样化发展。

科学态度,创新的基础 / 077

科研与创新,追寻"无尽的前沿" / 088

私人航天新纪元,商业推动应用创新 / 098

斯坦福,"发财大学"的产学研之路 / 108

美国精英教育的盲点与颠覆 / 116

03 组织篇:拥抱长期主义

克里斯坦森教授曾经戏言,自己去世之后,天使们会在天堂门口先面试一下自己,决定是否让他进天堂。那时候,他首先会问一个问题,这个给圣保罗的问题就是:为什么你只提供过去的数据,而不是未来的数据?

剧变时代,需要拥抱长期主义 / 131

巴塞罗那圣家堂的启示 / 140

如何造就迅速应对剧变的组织文化 / 148

目 录

企业帝国掌门人的谢幕 / 159
战略冗余的重要性 / 164
组织的变革与创新 / 170

04 个人篇:20年代,职场的剧变

"人为刀俎,我为鱼肉",强调的是对抗性的零和游戏;"人为培根,我为煎蛋",则更可能是人与人合作的常态。你日常行事,是愿意做煎蛋,还是培根?

工作的未来 / 179
多元视角的重要性 / 192
成名秘诀 / 205
高管教练是黏合剂和祛病师 / 218
企业文化相对论 / 225

代跋:2021,需要拥抱长期主义! / 232

01

形势篇:
注定不平凡的20年代

There are decades when nothing happens, and then there are weeks when decades happen.

列宁在十月革命之后曾经说了这么一句话:很多时候是十年如一日,另一些时候却是一日如十年,社会在经历长时间的停滞之后,会在很短时间内发生剧变。用列宁的这句话来描述新冠肺炎疫情在如此短暂时间内给全世界带来的改变,再贴切不过了。

危机识韧性

经历了新冠肺炎疫情的全球冲击之后,世人对"黑天鹅"有了全新的认知,它的可怕,恰恰在于它彻底的不确定性,以及它带来巨大灾害的可能性,而普通人对潜在灾害的严重性根本无法想象。经济在面临一场突如其来而又有巨大杀伤力的冲击之后,会如何应对,考验的其实是它的韧性。经历灾难的经济会以什么方式重启,政府该出台什么样的政策组合,市场又会涌现出什么新物种?这些问题也是后新冠疫情时代经济研究最核心的问题。

著名科幻作家吉布森有一句名言:未来已来,只是呈不平均分布。戴维斯也像一名优秀的科幻作家那样,转换时空,深入不为人知的场景和角落,为当下所面临的经济问题找寻答案。

自然界给经济带来的巨大冲击,莫过于地震和海啸。2011年日本东北部太平洋海域发生地震引发的海啸至今令人记忆犹新。而海啸所造成的经济损失,除了发生时产生的人员伤亡和财产破坏之外,更严峻的其实是对全球供应链的冲击。丰田汽车是"零库存"生产方式的鼻祖,海啸过后,它在东南亚尤其是泰国的汽车厂一度停产,就是因为供应链上一家关键的零部件厂在海啸中遭受了毁灭性的打击。为了尽快填补供应链的短板,丰田汽车向主要供应商发出邀约,希望他们能尽快调整生产线赶制出短缺的零部件。经历冲击之后,丰田对自己发明的"零库存"管理做出重大修正,建立了强调在运营过程中增加"战略冗余"的RESCUE(灾备)体系。而这种快速反应的能力,以及从应对灾难过程中汲取教训,不再一味追求效率,而是更强调平衡和应对多变复杂环境的能力,增强了经济的韧性。

什么是经济的韧性?韧性就是抗打击能力,是经济从外部冲击中迅速恢复的能力,也是经济中的主要组成部分——企业和劳动者——能够迅速重新组织、恢复生产和生活的能力。

我的前同事、曾经担任《经济学人》杂志编辑的理查德·戴维斯在2020年出版的《极端经济:韧性、复苏和未来》一书中花了许多篇幅去描摹这种韧性。他的足迹遍布同样遭受过海啸侵袭的印尼的亚齐、因为叙利亚内战而流离失所的难民在约旦的难民营,以及美国南部路易斯安那州绰号"安哥拉"的监狱,去寻找存在于社区和人性中的韧性,同时思考应该怎样充分利用这样的韧性,甚至什么时候实行管制和规划为这样的韧性让路,好让经济能更充满活力又茁壮地重启。

无论是流离失所还是圈禁在高墙之内,身处其中的人无不面临巨大的外部困难,但也恰恰是这种外部困难的压力,反而激发起惊人的适应性与创新力。

这种适应性与创新力,首先源自社会本身自组织的能力。社区

01 形势篇：注定不平凡的20年代

需要有非正式的社交网络，甚至是非正式的财务网络，民间发展出来的人与人之间多样化、多层次、非正式的社会网络是经济拥有韧性的基础。比如亚齐当地就有一种兑换黄金的传统，黄金是当地人储值资产的主要方式，在丰收的年份，家里的主妇会把收成换成黄金，在欠缺的年份，黄金又可以换成金钱来补贴家用。由于黄金属于全球定价，就排除了因为当地供求关系变动所导致的价格剧烈波动。2004年印度洋海啸摧毁了当地经济，也摧毁了正式的银行网络，但是每个家庭都能依赖当地非正式的黄金交易网络快速地把自己的积蓄换成灾后重建的资金，确保了社区后续发展的韧性。

其次，知识和新思想比财富的积累更重要。在从工业经济时代向知识经济时代大转型的当下，知识和人才的积累奠定了创新韧性的基础。日本之所以在二战之后面对一穷二白的摊子，却在十几年内就实现了经济腾飞，除了美国援助之外，能够把日本二战之前培养的人才派上用场是重要的推手。灾难冲击的另一好处是会淘汰一批老人，为新一代的"后浪"扫除前人的束缚和负担，反而可以让他们更开放、更迅速地拥抱未来。这种拥抱新思想的开放，也是危机的"副产品"。

再次，需要为自下而上涌现出来的创新创造出宽松的环境，同时要牢记，很多自上而下的设计可能与当地的现实脱节。约旦的利比亚难民营就是一个很特别的案例。为给难民提供生活救济，联合国难民署的设计不可谓不费心思，每个难民家庭都领有一张电子储值卡，卡里按照家里的人头数每人每月发放价值20约旦第纳尔的

超越乌卡：不确定时代的长期主义思考

电子货币,而且分成五个不同的种类,比如食物、衣物等,确保资金不被滥用(比如用买食物的钱去买衣服),难民可以用储值卡从难民营里的官方超市里购买商品。而问题恰恰就出在官方超市和电子储值卡的缺乏变通上。官方超市提供的物资主要依赖联合国援助官员的计算,他们用自己的数据和设想来规划物资的配给,而电子货币的公平发放也是为了确保难民的基本生活。问题是,难民的需求远不止这些,严格计划的市场供应满足不了难民多样化的需求,其结果是催生了兴旺的二轨市场,难民会大量采购自己不需要但在难民营外可以卖出去换钱的商品,再用赚取的钱在非正式市场上采购自己需要的东西。

难民营蓬勃发展出二轨市场的例子可能是对市场作用的最佳诠释:一个有生机的市场才能真正推动供给和需求的平衡,因为只有它才能满足人们不断提升及多样化的需求,而这样有生机的市场一定会自发涌现出来,绝不可能由谁来设计好,哪怕设计者的初衷多么地着眼于公平和效率。

最后,"黑天鹅"的冲击必然带来巨大的转型,而转型需要额外的呵护,转型期的表现如何决定了未来的发展前景。一个刑满释放的罪犯能否适应狱外全新的环境就是最极端的转型适应社会实验。戴维斯在书中引述的研究就发现,罪犯获释之后的 72 小时,对于一名前犯人融入社会至关重要。犯人服刑久了,适应快速变化的能力逐渐退化(监狱里的大环境是几十年不变的),尤其当外部世界新科技和新模式层出不穷的时候。但是,如果他能在 72 小时内适应新

01 形势篇：注定不平凡的 20 年代

环境，那么前犯人的创造力（企业家精神）可能更高。毕竟，在监狱里要能好好存活下来，需要韧性、适应力和创造力。

疫情的全球肆虐恰恰也是全球经济经历的一个大转型期，原先熟悉的世界不能再回去，原先稳定的增长环境也发生巨变，在有效疫苗没有在全球推广之前，每个人和每家企业都需要适应与病毒长期并存的全新世界，这也是为什么各国应对政策的着眼点都放在为小企业和个人纾困上。"黑天鹅"冲击并没有拿走个人与企业的动物精神，相反，外部的压力可能会激发出更多的活力，关键是要让它们能顺利度过转型期。

转型期提供了优胜劣汰的压力测试，为各种社会实验搭建了舞台，很多被增长掩盖的结构性问题被加速暴露，曾经在大潮中裸泳的僵尸企业也被加速淘汰，更涌现出来大量新模式和新物种。从这一视角去审视后危机时代经济的韧性，落脚点应该是管理变革的新陈代谢。大灾之后的复苏与增长，是因为抗疫期间积累的知识和经验会被推广，暴露出来的组织协作和治理领域的问题会被反思，教训会被汲取，而涌现出来的能独当一面、有担当、负责任的领导人才则会被破格提拔和任用。新陈代谢，既是对既有管理模式的一次考核，淘汰不合格的管理者，也为新一代领导者扫除障碍，让他们能更快有所建树。这才是危机之后真正的否极泰来。

后新冠肺炎疫情时代,如何迎击全球化的挑战?

2020年的新冠肺炎疫情,给全球带来了巨大的冲击。2021年在全球经济开始走出疫情阴影之际,疫情暴露出的新问题和新矛盾都需要更好地去解决。一方面,疫情加快了数字化转型的速度;另一方面,疫情给原本就步履蹒跚的全球化进程又增添了新的变数。

什么是全球化?粗略看来,它主要可以从四个象限判定:商品和贸易的全球化;投资的全球化;人员的跨境流动以及信息、资讯、思想的碰撞交流。新冠疫情之前我们处在一个紧密相连的世界,一荣俱荣,一损俱损。新冠疫情在全球的肆虐令全球经济降到冰点,也给了全球化迎头一击。

疫情将导致各个经济体的全球化程度降低、数字化程度提高、不平等程度加深。新冠疫情肆虐前,全球化就已经碰到了麻烦,几十年来主导世界经济的开放贸易体系被金融危机和贸易战破坏,如何重塑推进全球化的共识,是后新冠疫情时代最主要的课题。

历史的吊诡

全球化的危险与吊诡之处,恰恰在于历史的重复。瑞士日内瓦高级国际关系及发展学院的国际经济学教授鲍德温(Richard Baldwin)在2021年出版的《失序:机器人时代与全球大变革》中,就把当今社会与一战前的全球化类比:一战前全球货物、资本和信息的流动已经达到了空前的水平,交通的便捷也让人的流动非常自由。这样的全球化却并不能避免大战的发生,便捷的交通更加剧了大战的惨烈程度。伴随着一战发生的是给人类带来更为惨重伤害的西班牙大流感。

第二种相似性也体现在不平等的加剧。移民自由政策带来的源源不断的新移民(以美国为例)压低了本土劳动者的工资,而全球资本的自由流动也让新生的工业和金融资本巨头成为全球化最大的赢家。两者都加剧了不平等,而这种不平等转而催生了民粹的崛起。

再一种类比是当下的西方与19世纪末镀金时代的相似性,甚至有人称之为"新镀金时代":政府政策日益被金权政治所驱动,也就是所谓的"1%"(财富顶端1%的人)主导了西方的政治。

2001年诺贝尔经济学奖、经济学家斯蒂格里茨在其2020年出版的新书《美国真相》中指出了全球资本和其资本背后1%的精英阶层与普罗大众的割裂带来的危险:精英阶层的话语权特别强大,他们是过去40年全球化高歌猛进的最大受益者,因为

超越乌卡：不确定时代的长期主义思考

圈层化的加剧,精英本身的自省能力却越来越差,精英与普罗大众越来越缺乏共识。

斯蒂格里茨进而阐述了他对全球化风险的担忧:

首先,贫富差距拉大是当前全球化面临的最严峻的现实问题。全球化总体给全球带来了更多财富,但是有赢家也有输家,政府并没有很好地对财富做分配,而是寄希望于经济发展之后人人都能有所分润,即涓滴效应(trickle-down),但这被证明是不切实际的,因为资本并没有任何主动去再分配的意图。

其次,当前的全球化塑造了腐蚀性的拜金文化。全球化进一步推动了服务1%的人的资本主义,在文化上塑造出了个人主义的、追求财富(拜金)的,甚至为了成功无所不用其极的文化,这种文化对全球精英阶层特别有腐蚀力。

最后,西方劳动者是输家。全球化带来的外包和西方国家的去工业化,导致劳动者的薪资停滞不前,工作机会减少,工会遭受重大打击,劳工阶层在与资本的博弈过程中节节败退,资本大获全胜。

《纽约时报》评论版编辑阿佩尔鲍姆在其2020年出版的图书《经济学家时刻》中对全球化的问题做了放宽时间和空间尺度的分析:对全球化最严峻的挑战是分布不平均。全球化虽然带来了价廉物美丰沛的商品,但是因为制造业的转移所带来的大量蓝领工人失业,才会出现如纪录片《美国工厂》所记述的美国俄亥俄州代顿市那样随着通用汽车工厂倒闭而出现的整个社区死亡的现象。

这一轮的全球化也是新自由主义经济学派的胜利。里根和撒切尔夫人所推出的新自由主义政策,从倡导大政府转到信任市场,的确是一轮市场力量的大解放。但是,当这种解放和全球化联系到一起之后,就衍生出许多问题。一方面,区域经济发展不平衡导致汇率的不平衡,金本位的废除带来了一系列套利(投机)的机会,也带来了金融的动荡。另一方面,在欠发达市场,比如拉美,在推进激进的市场化改革中出现了开错药方的问题。放任的市场自由化加去监管,再加上金融创新,带来影响深远的金融融合,而这种融合在监管缺位的情况下可能产生巨大的波动和风险。

技术快速迭代的冲击

当下的全球化与镀金时代或者20世纪30年代也有着巨大的不同。最大的不同是以人工智能与大数据为代表的新技术的快速迭代,以及这种新技术所推动的从工业经济向数字经济的大转型。

鲍德温在《失序》一书中认为,大转型的一个重要特点是从实体经济向虚拟经济,从有形资产向无形资产的转变。这种转变背后是信息技术的爆炸性增长。有形资产受到物理定理的限制,要想在两年之内将全球贸易量或者全球航运量翻一番不容易,但是信息技术却不受宏观物理定律的限制,在两年之内将全球信息量翻一番很容易。实际上全球信息量翻番的速度更快。甚至可以说,推动计算机革命的摩尔定律——芯片上的半导体每18个月数量就翻一番,运

超越乌卡：不确定时代的长期主义思考

算速度也因此翻一番——在数字经济时代能更好地描述全球数据量的增长。

所以鲍德温认为，全球化和大数据以及人工智能所带来的全新的自动化，是推动大转型的两大推手。一方面产业转移将进一步深化，让全球专业服务业（从呼叫中心到各种专业服务的提供）可以跨越国家的界限，而这种外包的深化本质上和上一轮全球化中制造业的全球化一样，是通过引入全球竞争持续压低工资实现的；另一方面则是人工智能的机器将取代很多工作，至少把很多工作的一部分取代了。

《经济学家时刻》对美国去工业化的描述更触目惊心。书中援引了一份2011年的调查，调查显示，1990年到2008年虽然是硅谷崛起的18年，但美国在这一阶段新增的2730万个工作机会全部是全球化所不能取代的工作，主要集中在医疗和零售这两大服务业。问题是这些新增的工作几乎都是低收入，医疗服务主要是为老龄化的婴儿潮一代（战后出生的一代）提供医疗护理服务，而零售业的工作在过去几年更因为以亚马逊为首的电商的更快发展而陷于停滞。

《华盛顿邮报》特约撰稿人戈德斯坦2019年撰写的《简斯维尔：一个美国故事》一书对全球化和去工业化给美国社会带来的集中式打击进行了非常鲜活的呈现，记述了一个美国中西部威斯康星州汽车城跨越2008年全球金融危机的六年经历。

这也是一个特别好的微观样本和产业样本，是对2008年全球

01 形势篇：注定不平凡的20年代

金融危机的发生及发生之后的影响，乃至危机之后的复苏的个案观察。和《美国工厂》中的代顿市一样，简斯维尔是围绕着通用汽车制造厂兴建起来的汽车城，在金融危机发生之前已经有三代人在汽车厂工作。即使到了21世纪初，一个车厂工人的工资（平均28小时的时薪）加上汽车行业繁荣时三班倒排班的加班费一年能超过10万美元，足够支持一个四口之家过上中产生活，也支撑了整个城市的繁荣。而这种繁荣因为通用汽车厂的彻底关闭戛然而止。汽车厂和相关供应商工厂的工人大规模失业，新工作却并不容易找到，奥巴马政府的失业培训也被证明是杯水车薪。最终，整个城市的复苏建立在低收入的服务性工作之上，而简斯维尔当地人在经历了这场冲击之后终于意识到一个严峻的现实：新一代没有受过高等教育的美国人，很难通过自己的劳动再过上父辈习以为常的中产生活。旧工作的被取代和创造新工作之间的时间差和收入比，是此轮全球化之所以面临诸多挑战的核心问题。

哈佛大学"经济发展创新计划"主席朱马在其2019年出版的《创新进化史：600年人类科技革新的激烈挑战及未来启示》中试图从另一个视角去帮助我们理解科技迭代。

他认为，科技的进步需要经济和社会的检验。一方面，只有少部分的科技可能被应用，被推广；另一方面，科技的应用绝对不是简单的新科技对旧科技的取代，相反，科技的应用一定会带来一系列的变化，带来体制机制的创新，给经济注入新的元素。所以，旧工作的被取代和新工作的创造，都是表象，而背后真正的改变是创建出了新的经济元素和经济组织形式。技术是否被推广应用,取决于不确定性的风险和收益驱动,需要从两个维度来思考,即短期风险收益与长期风险收益的比较,以及风险收益是如何分配的。

颠覆既有的工作,用机器取代既有的工作,是一件有利可图的事情,也是IT平台虽然不会大张旗鼓地宣传,却不断在做的事情,因为它们是从替代旧工作中获得收益的大赢家。相反,创造新工作,尤其是那些未知的工作,一方面充满了不确定性,另一方面也很难确定是有利可图的,因此新工作的创建一定要慢很多。

当下大转型的挑战也因此变为:技术变革异军突起,速度更快,而创建相关辅助机构和机制的速度要慢很多,各行业的发展因此会不均衡,收益和风险分配也因此更不平均。这也是去工业化和科技一骑绝尘推动的全球化面临的最大问题。

大国竞争是"系统性竞争"

全球东方和西方的第一次大分流是500年前到100年前的欧洲崛起。其背后最大的动力莫过于政治上的小邦林立与文化上的相对统一,这让欧洲内部保持了其他大一统的帝国所没有的自治与竞争的平衡,没有谁有能力一统欧洲,同时军事、经济与文化上的激烈竞争让文艺复兴、启蒙与工业革命接踵而来。大航海时

01 形势篇：注定不平凡的 20 年代

代的开启，让葡萄牙人肩负起了开辟前往印度和东亚的新航路的重任；而西班牙人则更胜一筹，抵达了美洲新大陆，为欧洲的发展找到了巨大的粮仓。

到了第一次世界大战之前，欧洲列国直接或者间接统治了全世界近八成的地方，盛况空前。然而危机却次第发生，在此后 31 年时间里，欧洲经历了两次大战的屠戮，从全球的统治者跌下神坛。

一战前的 1913 年，全球争霸的图景已经产生了本质的变化。无论是从全球 GDP 占比，还是全球制造业占比来计算，美国和德国都第一次超过英国。

英国与德国的竞争在明处，体现在制度和发展模式上的竞争，也体现在许多具体问题上的矛盾，比如关税、标准制定、技术争霸、金融实力的此消彼长，以及投资基础设施谋求竞争优势等。

英国与美国的竞争则在暗处，美国沿袭英国的制度，享受英国推动的全球化和自由贸易的福利，却强调自身的后发状态，推行保护主义（比如汉密尔顿强调初生行业需要被保护），同时对知识产权侵权睁一只眼闭一只眼（英国的图书在美国被大肆盗印，英国的专利在美国被侵害却保护不力，等等）。

问题是，1913 年仍然是一个列强争霸的时代，英国衰弱，美、德兴起，而在一战之后苏联又快速从战争的废墟中脱颖而出，这种多头竞争的局面造成了更多大国之间制衡和调停的空间。

冷战是美、苏两个主要大国相互对抗的主要形式之一，而它们对抗的方式则界定了整个国际体系。关于冷战的研究浩如烟海，这

超越乌卡:不确定时代的长期主义思考

里不赘述。冷战的结束却并没有像福山所说的那样导致全球进入了"历史的终结"阶段。

后冷战时代,可以大略分为前十年、后十年和再十年三个阶段。

失衡与困惑,是从1991年到2001年的十年间最大的注脚,也以"9·11"这样轰动全球的恐怖袭击作为逆转点。

后冷战时代暴露出双头竞争戛然而止之后的全球失衡状态。苏联的解体事件犹如在一场激烈的拔河比赛中,一方突然变弱松开了绳子,没有放手的一方虽然获胜,但也失去了平衡。苏联解体打破了能在某种程度上维持该地区秩序的国际体系。大国交锋的边缘地带(断层线)其实是最容易发生冲突的地方。站在大国博弈的视角,1992年的南斯拉夫解体是对苏联解体做出的最早也最轰动的反应。

2001年年末中国加入WTO是另一个分水岭,直到2011年中国经济增速从双位数再度跌落回个位数为止(其中2008年和2009年因为全球金融危机,经济增速曾经跌破10%)。

冷战可以说是美国构建的全球自由市场秩序的胜利,因此冷战结束之后,很明显,在美国政府和美国跨国公司的推动下,全球化上了新台阶,尤其以2001年中国加入WTO到2008年全球金融危机爆发为止,全球化进入了"高歌猛进"的快速发展期,无论是经贸往来、投资还是人员往来,全球各经济体之间的联系更加紧密。中美甚至被称为"中美国"(Chimerica),凸显了两国经济交融之紧密,规模快速增长而价格持续下降的中国制造品满足了美国消费的需求,

01 形势篇：注定不平凡的20年代

也让美国的通胀常年保持在很低的水平，暂时遮盖了美国中产和蓝领阶层长期薪酬停滞的危机。中国制造对美国的长期出超也以中国积累起来的全球最大的外汇储备大笔购买美债完成资金的大循环，超过日本一跃成为全球第二大经济体。

从2011年到2020年的最新十年，又可以用新冠肺炎疫情的全球暴发作为一个分水岭，之前是全球化进入"慢球化"的时期，而后疫情时代则可能迎来新的大分流。这种大分流不仅是国家之间的分庭抗礼，也可能是在人工智能、大数据、5G、云计算、数字货币等诸多新科技领域内构建**不兼容**的生态体系，更可能是全球自由贸易体系的瓦解和可能伴随而来的区域贸易整合，甚至短期的贸易保护主义至上。换句话说，无论是继续全球化，还是大分流，大国博弈必然面临系统性竞争。

如何解局？

斯蒂格里茨在《美国真相》一书中对如何解局有深刻的思考。他的反思是对全球化的反思，对资本的反思，对管理经济转型的反思，对经济改革与政治改革的一系列反思。

他提出，可以拿一百多年前从农业经济向工业经济转型的过程作为类比，这种转型创造了贫富差距巨大的镀金时代，直到1929年经济危机催生了罗斯福的进步主义才扭转了局面。因此他认为需

超越乌卡：不确定时代的长期主义思考

要强化凯恩斯所强调的政府的责任,强调全面就业、充分就业,运用财政手段创造新工作。他进一步提出实践新凯恩斯主义的方式,由政府加大对教育、养老和医疗的投入(这些都是公立或者政府可以制定明确标准的领域),雇佣更多的人,提高老师和护士的工资,借此向市场传递积极的信号。

斯蒂格里茨对未来全球贸易面临的挑战的两点思考,也颇发人深省。

首先他认为,全球化的贸易体系是以美国为主导的规则体系,体现了美国和其他发达国家利益。这种贸易体系所强化的知识产权保护、市场开放、金融开放等,都符合跨国资本利益,但在某些情况下不一定符合新兴市场的利益。比如在面对是保护跨国药厂的利益还是让更多新兴市场老百姓可以享受到先进药物治病救人的好处时,现行的规则体系选择保护资本的利益而不是老百姓的利益。未来需要在保护全球资本的利益、劳工的权益和新兴市场谋求发展的权利三者之间做好平衡。

其次,他意识到全球化并不能统一价值观。全球化的几种不同的组织形式,比如欧美的自由放任资本主义与中国特有的发展模式会长期并存。进一步推进全球化,必须有一个最低标准,必须改革治理体系,建议制定一套各方都认同的基本规则。单方面打破贸易规则,退回到贸易保护主义的做法极不可取。

印度中央银行前行长,芝加哥大学经济学教授拉詹在新书 *The Third Pillar*（《第三支柱：社群是如何落后于市场与国家的》）中也

01 形势篇：注定不平凡的 20 年代

特别强调建立新共识的重要性。

拉詹认为，一方面全球化已经发生了巨大变化。在全球化的早期，发达市场有共识，全球化对它们有益；而新兴市场则缺乏共识，这才会有新兴市场拥抱贸易保护主义和强调发展自己工业基础的进口替代政策。而现在的问题是，发达国家越来越缺乏对全球化的共识，因为虽然大多数人都是全球化的受益者，但是全球化的危害却集中在少数地区，少数人群。

另一方面，发达国家，尤其是美国（当然也包括欧洲）需要努力建立新共识。建立新共识的目的是能够为那些既有工作被取代，而找到新工作、好的新工作却很难的人找到新的出路。要把新经济带给这些人，让他们能够更好地参与新经济，而不是简单应对全球化的挑战。这是为什么要强调政策精准，如果要动用财政手段（凯恩斯的做法），就需要精准地投射到这些人身上。建立新共识，必须减少不平等，创造好的新工作。

而要建立这种新共识，拉詹认为，一个重要的却经常被忽略的点就是社区和社群，这也是他这本书的题中之意：社区是政府和市场之外的第三支柱。

超越乌卡：不确定时代的长期主义思考

贫富差距拉大是贸易战的根本原因

20世纪60年代，美国福特汽车公司曾经发生了一次堪称经典的劳资对话。福特的老板和全美汽车工人联合会(UAW)主席就薪酬问题谈判，工会酝酿着通过集体谈判要求加薪，资方却强调劳动者加薪的结果是公司丧失竞争力。福特的老板指着流水线上的机器人对工会主席说：看看这些已经使用的机器人，别再要求加薪了，不然我们将不得不用机器人取代所有的工人。工会主席的回答很简单：工人都被机器人取代了，谁来买福特的汽车呢？

过去30年高歌猛进的全球化带来了更激烈的竞争，跨国公司在全球寻求更便宜的劳动力，以及最优惠的税收地，设计出日益复杂的产业链。这种全球化的生产方式虽然给全球消费者带来了越来越价廉物美的商品，却也给像美国这样的曾经的制造业大国带来产业空心化的难题。全球化日益变成一种华尔街的金融家与(传统和新兴的)制造大国的实业家之间的共谋，全球化的赢家与输家之间的矛盾也直接体现为资本和劳动者之间的矛盾，推动了民粹主义和贸易保护主义的抬头，而最直观的表现就是美国前总统特朗普不断挥舞的关税的大棒，这在几年前几乎是无法想象的。

01 形势篇:注定不平凡的 20 年代

特朗普或许看到了全球贸易失衡的问题,但用一百年前全球贸易中通用的强征关税手段来解决过去 30 年早已脱胎换骨的全球贸易金融体系,总给人一种时光错乱之感。如今虽然仍可以计算出双边贸易谁有顺差(出口大于进口),谁有逆差(进口大于出口),但是复杂供应链织就的复杂全球贸易体系已经无法用双边贸易的数字来衡量了。

《巴伦周刊》的克莱因(Matthew C. Klein)与北大光华管理学院金融学教授佩蒂斯(Michael Pettis)共同撰写的 2020 年新书 *Trade Wars Are Class Wars*(《贸易战是阶层战》),把对全球贸易失衡的分析又向前推进一步,提出全球化走到了去全球化的危险境地,是因为过去 30 年全球化的深化与贫富差距的拉大是相互促进的,如果不去解决各国内贫富差距拉大的问题,切实增加劳动者收入,促进本国消费,那么全球化就会越走越窄,甚至出现倒退。

贸易战只是表象,其背后深刻的原因是不论发达国家还是发展中国家,各国内部的贫富分化都在加深。两位作者进一步提出,一个国家内部的收入分配直接影响到这个国家老百姓的消费水平,如果劳动者获得的分配少,消费能力不足,制造业大国就必然需要将更多的产品出口到国际市场。如果全球各国的消费者在收入分配上都不同程度地被压抑,指望消费品进口大国持续"超前消费",只能依赖普通消费者不断举债,也总会遇到债台高筑无力再借钱的瓶颈。这种国内消费不足、全球产能过剩的局面,一定会影响到全球各国之间的经贸关系,而一个国家内部的贫富差距拉大,也会增加国家之间的贸易冲突。

这本书将贸易战的表象与全球各国日益增加的贫富分化的结构性矛盾联系起来,提供了分析全球化困境的新思路。

过去 30 年全球贸易的大变局

最近 30 年的全球化给全球贸易和金融带来了三点变化。

首先,贸易不再主要是成品的贸易,而是跨国公司为寻求更低的成本和更低的税率而进行的各种半成品和中间品贸易,也催生了日益复杂的供应链。跨国制造的兴起,形成了围绕着以美国(主要是汽车)、中国、德国和日本为中心的复杂跨国供应链集群。中间品(零部件)占全球贸易的比例已经超过一半,而成品和服务占比只有三分之一。传统意义上的双边贸易数据已经不再是衡量劳动力和资本生产率的最佳指标,大量零部件和半成品在最终组装过程中频繁跨越国界。

其次,资本的全球流动更猛烈。跨境金融占 GDP 的比例从一百多年前的 97% 上升到今天的 400%。如果计算全球热钱涌动以及全球外汇储备的增加,这一数字将更为庞大。1997 年亚洲金融危机时,全球外汇储备达到 9700 亿美元计价的资产,持有者主要是富裕的工业化国家。到了 2019 年,全球外汇储备以美元计价的资产超过 8 万亿美元,主要持有者变成了发展中国家。亚洲金融危机和

01 形势篇：注定不平凡的 20 年代

2008年全球金融危机让许多发展中国家汲取了教训，其增加外储就是为了担心热钱突然流出会对本币以及本国经济带来冲击。

第三，跨国公司之所以设计日益复杂的产业链，是因为**减税**的推动力。以苹果手机为例。苹果在爱尔兰设立子公司，将苹果手机的知识产权卖给爱尔兰的子公司（爱尔兰公司向苹果美国采购研发，实际上苹果在美国的研发成本都作为出口到了爱尔兰）。同时，富士康在郑州的生产基地在保税区内，进口的手机零部件从法理上说并未进入中国，也不用缴纳关税，在中国组装之后，手机从纸面上首先出口到爱尔兰，并在爱尔兰加上巨额的研发成本分摊和利润加成之后，再出口到其他国家。但实际上手机根本并没有真正转运至爱尔兰，而是直接运到终端市场。这样，苹果的海外销售利润全部留在了爱尔兰，享受12.5%这一全球发达市场最低的企业税率。

全球贸易的再一大变化则是制造业大国消费不足，以及消费大国的制造业空心化。

崛起成为世界工厂的中国和老牌制造业大国德国都是消费不足的国家。换句话说，制造业大国面临巨大的产能过剩问题，国内消费的不足需要它们不断增加出口。

德国在过去30年工资增长持续停滞，资本在收入分配中的比重持续增加，本土消费不足，长期保持出口盈余。中国则在改革开放之初就学习了东亚的发展模式，家庭的高储蓄为政府和商业提供了廉价的资本，国家制定产业发展战略，在吸引外资的同时发展国内工业，以市场换技术。在过去30年，中国经济的高速发展掩盖了消费占GDP比例逐年下滑的现实。换句话说,老百姓的收入增长低于高速的经济增长,虽然老百姓的生活发生了翻天覆地的变化,但是在整体蛋糕的分配上份额却越来越小。如今,中国消费占GDP的比例不到40%,远远低于全球各个主要经济体。

美国则有所不同,它也面临和德国同样的问题,贫富差距持续拉大——中产和劳动者的工资常年增长停滞,但是它还面临一个更加棘手的问题,就是产业空心化的问题。

如何理解全球贸易的失衡与金融市场的扭曲?

美国的贫富不均在过去30年发展到令人咋舌的程度:美国最富的占总人数1%的人所拥有的财富占比从30年前的22%增长到现在的42%,而且财富增长大多数源自0.1%的巨富人群。另一方面,美国制造业在过去30年却逐渐衰落,大量美国制造业企业将工厂搬离美国,在全球寻求更便宜的制造基地,美国中西部的工业中心现在沦为"锈带",大量蓝领工人失业,无法再找到收入优厚的制造业岗位。

直到特朗普挥舞起单边的关税大棒之前,美国还是全球拥抱自由贸易最大的开放市场。美国市场吸收了全球"过剩"的工业品,同时美国消费者也享受到低价工业品的福利。大规模制造的消费品占美国老百姓可支配收入的比例在过去100年下降了90%,而明显的下降更是开始于20世纪80年代中期,也就是这一轮全球化的开端。这也是为什么主要发达市场要盯住消费品的通货膨胀指数。过去30年通货膨胀指数都维持在低于2%的水平,相比于20世纪70年代的高通胀,全球似乎进入到了一个长期低通胀,甚至短期通缩(比如日本)的年代。

相比之下,无法进行贸易的服务的价格却一直在增长。美国医疗成本在过去50年增长了68%,高等教育的学费在过去20年则基本翻了一番。同时,金融资产价格和房地产价格也在增长。而后两者又主要可以归因为贫富差距的拉大。给普通老百姓增加边际收入有助于拉动消费,给富人增加边际收入只会导致富人将资金用于再投资,推高资产价格。

既然美国普通消费者收入没有增加,为什么在大多数人的印象中美国人仍然是"超前消费"的主力军呢?这是因为美国人在大规模地进行借贷消费。要理解这一点,必须搞清楚美国和美元资产在全球经济中扮演的角色。

当一个制造大国长期保持贸易顺差,积累了大量的贸易盈余之后,它会用这些贸易盈余做什么?因为大量生产用于出口,国内消费疲软,积累的贸易盈余更可能作为跨国资金投资美元资产,因为美元是全球储备货币,美国的金融市场是最大、最开放、最有流动性也最保护投资者利益的市场。

日本在20世纪80年代出口最强盛的时代,大举购买的商品从纽约地标性房地产到哥伦比亚电影公司,再到高价艺术品,都是贸

超越乌卡：不确定时代的长期主义思考

易盈余资金回流美国的案例。中国在 2015 年之后也有这样一波私营企业全球化投资的浪潮。

而美国房地产价格从 2001—2007 年的一路上涨，也可以用这种全球资金大循环来解读。1998—2008 年全球金融危机爆发期间，全球总共增加了 4.1 万亿美元的外汇储备需求，这也意味着美国需要创造 4.1 亿美元的安全资产，可美国国债根本满足不了这一需求。为了满足市场需求，从 2001—2007 年，华尔街创造出了 2.5 亿美元"安全"的资产证券化产品，其中一大部分是房地产抵押贷款，这也为后来次贷危机的爆发种下远因。

而 2002—2007 年，美国人从房地产增值过程中"套现"了 4.7 万亿美元（主要是通过房地产再抵押——因为房产升值，再抵押就能把增值部分进行贷款用来消费）。房产增值带来的财富效应给普通美国人增加了 10% 的可支配收入，达到每年近 1 万亿美元。但是，这也意味着美国人的消费主要来自债务的增长，房产再抵押贷款毕竟还是贷款。

到底是美国的超额消费导致了金融危机，还是各国的产能过剩和资金回流推高了美国的消费？如果美国政府无法快速扩张债务，美国私营产业就必须通过出售资产（比如房地产）、发行股票或者发行债券（包括 MBS）来消化输入美国的大量资金。这是最近 30 年全球化过程中贸易失衡与金融市场扭曲的大图景。

01 形势篇：注定不平凡的20年代

高储蓄率不是由于节俭，而是收入分配出了问题

克莱因和佩蒂斯在书中提出的另一个主要观点是：**储蓄率与文化无关**，并不是东亚儒家文明崇尚节俭造就了东亚各国高储蓄，也并不是美国崇尚个人主义的文化塑造了"寅吃卯粮"的超额消费。两位作者提出，储蓄率其实与消费和投资有极大的关系，**收入在劳动者和资本之间如何分配起了重要作用，**仅仅简单地分析储蓄率的高低，而不去把它放在更广阔的全球投资与贸易的大变局中去观察，结论一定失之偏颇。

从这一视角分析，美国能长期举债消费，直接原因是举债成本很低，而根本原因则是美元的全球储备货币地位带来的充沛的流动美元。美国在消费了进口的外国制造产品的同时，又要吸收大量制造业国家的超额储蓄。因为这些制造业国家的国内消费疲软，资本所控制的贸易盈余回流到美国需要投资的新标的，这推动了美国金融的"创新"，催生了资产泡沫，并在"非理性的繁荣"之后，导致金融危机，加剧了经济周期波动。

因为收入分配长期偏向资方，制造业大国的消费增长疲软成为大问题。如果增加普通老百姓的收入，将有助于直接拉动消费。相反，如果拥有资本的富人的收入持续增加，他们只会将其用于再投资，推高资产价格，加剧这种贸易失衡与金融市场扭曲现象。

超越乌卡：不确定时代的长期主义思考

日本是东亚经济发展模式的头雁,但也最早暴露出高储蓄补贴政府和商业的发展模式的局限性。限制居民消费以补贴企业发展的模式在20世纪80年代初就走到了头,投资边际效益递减的问题日益明显。从1990年到2010年日本社会经历了痛苦的调整,也是"失去的二十年",银行坏账无法消解,僵尸企业越积越多,经济增长停滞。

中国高储蓄发展模式也需要重大调整,本质上需要让老百姓的钱袋子鼓起来,推动本土需求可持续增长,不应继续为了保持投资的增长而压抑消费,因为这样只会带来更大的产能过剩。这种分配的不足现在仍然很明显,中国劳动者平均只分享到了制造价值的40%,而在大多数发达国家,劳动者分享的创造价值接近七成。国内消费如果充足,产能使用率就会提升,商品经济发展充满活力,满足新消费增长点的好的投资机会也会不断涌现。相反,如果消费疲软,好的投资机会变少,浪费的大白象工程①反而可能增加。

美国面临的挑战是,以它的经济体量,要想继续去承担全球储备货币、全球商品销售市场和吸纳全球资本的金融市场的三重角色,已经显得越来越力不从心。二战之后美国的国力相当于全球的一半,而现在美国GDP只占全球GDP的四分之一。特朗普看到了美国的相对实力衰弱,才有各种单边主义和退出美国一手打造的全球经贸体系之举。不过,这种蛮横的贸易战不可取,相反全球需要

---

① 指很贵重,需要高昂费用维持,却难有巨大经济效益的资产。

01 形势篇：注定不平凡的20年代

构建新的贸易治理体系。

在《贸易战是阶层战》这本书的结论中,两位作者反复强调,贸易战不是解决当前全球化失衡问题的方法。他们批评特朗普的贸易顾问纳瓦罗纠结于双边贸易数字,根本就是搞错了问题。克莱因与佩蒂斯提出,与其加关税和退回到贸易保护主义,不如选择控制全球资本流动。减少全球以美元计价的外汇储备是一种降低失衡的方式,不过这需要强化美联储的全球最终借款人角色。或者,像新西兰所采取的禁止非永久居民投资本地房地产的做法也值得提倡,因为这一政策本质上就是限制产能过剩国家的资产阶层将贸易盈余投资到海外资产。

归根结底,克莱因和佩蒂斯在书中不断敦促各国精英:调节分配机制,增加劳工收入,藏富于民,推动本土消费。这是解决全球化结构性问题和化解贸易战的根本之道。

只是,这会不会又是一场开篇提到的福特与 UAW 的鸡同鸭讲?

应对危机的思维框架

丘吉尔曾经说过:"不要浪费一个好的危机。"新冠肺炎疫情肆虐之时,全球都陷入一场可能比 2008 年金融危机更严峻的危机,无论是疫情本身的走势,还是疫情给全球经济带来的冲击,都充满不确定性。贾雷德·戴蒙德 2020 年的新书《剧变——人类社会与国家危机的转折点》(简称《剧变》)在全球抗疫的当下出版就显得特别及时,因为他提供了解析危机的思考框架和应对危机的行动指南。

戴蒙德的成名作《枪炮、病菌与钢铁》中有一章特别描写了病菌可能给人类带来的危害,其中就提到,面对病毒的侵袭,最重要的还是得知己知彼,应对策略得当。新冠疫情可能是全球在 21 世纪面临的最严峻的挑战,《剧变》中梳理出的思考框架——从清醒认知危机,到诚实地自我评价,再到借鉴他人和过去的经验——为在如此充满不确定性的未来决策和行动提供了抓手。

应对危机的第一要义就是承认危机存在,直面危机。略微扫描一下世界各国在中国抗疫赢得了接近一个月准备时间的这一期间的表现,就不难发现,当疫情仍然很遥远,似乎与自己没有太多关联的时候,很少有领导者真正意识到在全球化人员流动如此频密的当

01 形势篇:注定不平凡的20年代

下,危机其实已经迫在眉睫。

戴蒙德在书中追问:是否只有危机才能激发一个国家做出重要的选择性变革?为什么我们不能提前做好预案?如果从各国应对新冠肺炎疫情的表现来看,答案很明显,只有当疫情暴发带来的冲击扑面而来的时候,各国才会有所反应,而这样的反应注定慢半拍。这一方面因为承认自己面临严峻危机需要时间,另一方面也是因为变革需要克服惯性和阻力。从人与人频密接触骤然改变为保持社交距离,甚至让经济完全停摆的举措,在很多国家都不可能断然实施。在保经济还是抗疫情的取舍选择中,政客的算计也很明显,比如美国前总统特朗普对疫情的早期应对明显偏向保经济,因为在大选年,他潜意识里把谋求连任作为自己的第一要务,经济和股市的表现比抗疫更重要。

但是,一旦承认危机之后,各国都能够迅速行动起来,突发性的重大问题更容易激发人们的能动性,这一点倒毋庸置疑。

有效应对新冠肺炎疫情全球危机的思考框架的第二点,是需要诚实的自我评价,对危机的蔓延肩负起应有的责任,同时需要走出受害者和自我怜悯的心态。

以史为鉴最能理解这一点的重要性。二战和一战之后的德国就给出了正反不同的例子。一战后的德国是一个拒不承担责任的极端例子,它认为自己是一战的受害者,受到了美国威尔逊的十四点和平方案的欺骗,而凡尔赛合约要求的巨额战争赔偿是强加给自己不公正的惩罚。无法走出受害者心态和不承担责任的态度,为希

超越乌卡:不确定时代的长期主义思考

特勒上台埋下了伏笔。二战后的德国表现则完全不同,虽然国家也受到了重创,但它摆脱了受害者心态,能够直面自己的战争罪行,并真诚地谢罪。这种直面让今日的德国受益良多,也让德国在战后真正成为推动欧洲一体化的经济火车头。

做到诚实的自我评价需要有足够的知识储备和完备的信息。明治时期的日本和二战前的日本也给出了正反两个例子。

明治时期的日本领导者,都是能打开眼界看外国的人,也都很清楚知道自己和海外的差距。因为拥有对西方的直接了解,伊藤博文和山县有朋这样的明治"大佬"才会共同致力于实施通过选择性借鉴外国模式振兴日本的基本策略。相反,二战前日本的少壮派军人中很少有人走出过国门,他们对全球大势不了解,根本不清楚日本与美国这一当时全球最大的工业大国之间国力的巨大差距,仍沉迷于日俄战争胜利的光环之下,这种知识储备与历史经验的缺乏,让日本无法做出诚实、现实、审慎的自我评估,导致了日本在二战中的覆灭。

戴蒙德在书中批评"美国例外"的想法阻碍了美国人诚实地评价自己的问题:"今天的美国在对自己做出评估时也缺乏实事求是的态度……许多美国人甚至自欺欺人,把自己国家的问题怪罪到别的国家头上,而不是反思自己的责任。"这一问题在抗疫过程中再次展现。特朗普坚持"美国第一"的理念,令美国非但没能肩负起作为领导者联合其他国家一起抗疫的重任,反而希冀通过对外指责来减轻领导者的责任。

01 形势篇：注定不平凡的20年代

应对危机思考框架的第三点则是借鉴外部的范例和过去的经验。如果说新冠肺炎疫情危机的严重程度可能超越2008年金融危机，那么2008年全球金融危机之后各国的应对策略就成为可以参照的重要范例。

2008年金融危机是一场由次贷引发的流动性危机，各国应对金融市场巨幅波动的方式是增加流动性，比如美国出台的问题资产救助计划（TARP）帮助了许多大而不能倒的企业——如大型银行和通用汽车这样的大型车企——纾困。中国则率先推出了四万亿救市方案，通过拉动投资避免中国经济的衰退，也因此创造了全球大宗商品的新需求而推动了全球经济复苏。

此次应对显然汲取了2008年的经验。二十国集团（G20）特别峰会召开后承诺将向全球经济注入5万亿美元，并动用"一切可用的政策工具"恢复经济增长，显示各国都能迅速推出解决市场最突出的流动性危机的方案。

但美国在2008年纾困方案中暴露出的不足也很明显。对TARP的最大诟病是大企业能够得到国家救助，而大量买房者却陷入困境，很多人被驱逐出住所，房屋被拍卖，同时失业率激增。很多普通老百姓在为金融机构的风险行为买单，而造成危机的银行家却几乎没有人受到惩罚。

此次欧美的应对新冠肺炎疫情政策显然汲取了2008年的教训，把纾困的重点确定在普通老百姓和中小企业上，要让大多数人都能够挺过疫情的冲击。以美国2020年3月通过的两万亿救市方

超越乌卡：不确定时代的长期主义思考

案为例,每个年收入低于 10 万美元的人都能获得一次性 1200 美元的补助,16 岁以下的孩子获得 500 美元补贴,对中产及以下人群的帮扶力度史无前例。此外,政府给小企业提供了优惠贷款,帮助小企业支付员工工资,只要小企业不关门、不裁员,部分贷款就可以不用还,这也是一条通过救助小企业从而降低失业率的新思路。

在《剧变》中,戴蒙德站在美国视角,以美国和其他六个国家(芬兰、日本、智利、印尼、澳大利亚和德国)作为参照系,探讨历史和现实中各国面临的危机的缘起、爆发和解局。新冠肺炎疫情的暴发需要进一步拓宽视角,站在全球的角度去考虑问题,因为疫情危机是全球化的结果,抗疫也需要全球协作,而疫情带来的最大威胁是可能会导致全球化的倒退。抗击新冠肺炎疫情需要全球努力,不是某个国家独自可以完成的,抗疫绝不能"各人自扫门前雪",无论大国小国,在疫情面前都很难做到自给自足。同样,从数据的公开与分享、疫苗研制、诊疗方案交流,到特效药的筛选,都离不开国际协作。

在应对危机所需要具备的思维框架的最后,戴蒙德提到了重塑国家认同与核心价值观的重要性。在全球化处在十字路口的当下,各国需要提升到全球的层次去重塑共识。如何塑造对全球化的全新认同?如何重塑全球人民对经济发展和应对挑战的核心价值观,而不是让新冠肺炎疫情危机进一步激化民粹和保护主义,这是危机之后最重要的问题。戴蒙德在书中其实给出了部分的答案。历史告诉我们,代际的差别有时候会超乎想象。德国的改变,离不开生于 1945 年之后的一代年轻人,全球化下的 90 后一代也一定不会令人失望。

01 形势篇：注定不平凡的20年代

英国脱欧话德国

1989年11月9日，柏林墙倒塌，当时默克尔35岁。她没有像其他东德人那样，兴冲冲地在第一天穿过柏林墙去西德。当天是周四，是默克尔的"桑拿日"，她选择像往常一样，约了女友一起去洗桑拿：既然墙塌了，去西柏林的机会要多得多，不急在一时。她很能沉住气。

在柏林墙倒塌之前，身为科学家的默克尔早就盘算好了去西德的计划，准备像很多东德的科学家一样，等60岁一退休，就办好手续去西柏林：到时候，带上积蓄，在西柏林找个警察局换一本西德护照，然后就到美国自驾游，从东海岸一直开到西海岸。

第二天，默克尔随着人潮到了西柏林，从陌生人手中接过一罐啤酒。西德政府给东德人每人一百西德马克的"见面礼"，默克尔没有像其他人那样乱花。在黑市上西德马克与东德马克的比价已经到了一比十。她当时没有想到，为了推动两德统一，西德总理科尔会把两德马克的汇率定成一比一。

相信无论是默克尔还是当时的全球观察家都很难想象，东德人默克尔在统一后的德国政坛能如此快速跃升。因为没有历史的包

超越乌卡:不确定时代的长期主义思考

袂,1990年默克尔作为东德屈指可数的基民盟(CDU)代表,被选入统一后德国的新一届国会。科尔一下子就看中了默克尔,将她收入自己羽翼之下悉心栽培。

2021年,德国总理默克尔按计划在年底前退休,她也超过科尔成为战后执政最长的总理。在喧嚣的世界中,自2005年起就开始执政的默克尔几乎成为西方各国的压舱石。新冠肺炎疫情再度凸显了德国与英美治理水平的差异。与特朗普和约翰逊政府不同,默克尔在新冠肺炎疫情的处理中表现出的沉着、稳健、果断,备受称赞。她相信科学,和老百姓讲清楚形势,也制定了详尽的计划,把疫情给德国带来的冲击做到最小。

在2020年的新书《为什么德国人做得更好》(*Why the Germans do It Better*)中,作者兼评论家约翰·坎普(John Kemp)提出,默克尔的低调与务实恰恰凸显了战后德国已经成长为一个成熟的大国,有不少地方值得英美学习。

1871年1月18日,铁血首相俾斯麦统一德国,距今只有150年。而在短短150年的历史中,德国给全世界带来了巨大的冲击,发起了两次世界大战,纳粹杀害了几百万犹太人,二战之后一片废墟的德国又分裂了44年,真正统一的德国也才只是30年的光景。为什么相对其他西方大国,德国在如此短的时间内能做得更好?这的确值得仔细琢磨。

01 形势篇：注定不平凡的20年代

因为直面历史，所以才更积极向前

因为1945年前的历史不堪回首，过去75年德国一直努力向前看，也一直力图成为经济发展和政治持重的优等生。战后德国直面历史的态度，体现在三个重要的时间点。

1968年，距离二战结束已经23个年头，联邦德国在这一年超越英国成为全球第三大经济体，但这一年更重要的事件是战后一代年轻人的觉醒和反抗。他们把父辈在纳粹统治期间的罪恶——要么是仆从，要么是默许——暴露在光天化日之下，对纳粹历史展开了彻底的清算。

1970年，联邦德国总理勃兰特在华沙犹太隔离区起义纪念碑为死难的犹太人下跪，为战争给他国人民造成的巨大痛苦真诚地道歉。千万不要小看勃兰特的这一跪，这一真诚悔过的姿态帮助联邦德国获得了邻国的谅解，不仅为联邦德国经济崛起而成为欧洲经济的发动机奠定了基础，也为20年后冷战结束时两德成功统一创造了契机。

1985年5月8日，德国战败40周年，联邦德国总统魏茨泽克在纪念发言上提出，5月8日是解放日。这句话很震撼，5月8日不是战败日，而是将德国从纳粹的枷锁中解放出来的日子，再次表明了德国的态度。和其他大国不同，战后的德国人很清楚，在现代

超越乌卡：不确定时代的长期主义思考

它没有煊赫的历史可以炫耀，历史上背负着的都是负资产：两次世界大战战败的包袱、纳粹上台的包袱、屠杀几百万犹太人的包袱。德国必须轻装前行，积极向前，对历史的清算让德国人更强调制度建设。

对历史的反思让战后的德国不仅在废墟上重建了经济，也重建了自己的精神家园。德国人变得更善于反思。而这种反思让德国人一方面会更执着于恢复文化层面和社群层面的维系人与社会健康发展的纽带，另一方面对全球化和科技进步带来的快速变化也有更多质疑。

这种反思也让德国人并不像英美社会那样，盲目崇拜成功。相比英美人对成功的企业家的趋之若鹜，德国人会花更多时间去讨论事情背后的意义。甚至在文艺创作领域，德国作品也有更多棱角，不会像英国人那样沉溺于怀旧。

相反，许多英国人对德国的理解仍然停留在 1945 年之前的刻板印象，并因为电影《敦刻尔克》和《至暗时刻》而被一代又一代地加深。作为旅居德国的英国人，坎普在书中自嘲：1945 年英国丢掉了帝国，却还没有找到自己在全球的位置。75 年过去了，英国光是一个脱欧就瞎折腾了 4 年之久，脱离欧盟的英国将沦为二流国家。相反，德国人却选择只向前看，不回头。英国脱欧之后，德国将成为欧盟 27 国名副其实的领头羊。

战后德国的成功，一个很大原因是它真正汲取了历史教训，但并不是所有国家都能够理解这一点。戴蒙德在《剧变》一书中强

01 形势篇：注定不平凡的20年代

调，无论是曾经的大英帝国还是如今的美国都期望掌握主动权，将自己的意志强加于他国，究其实质，还是因为它们缺少对历史的反思。

二战的全面失败和战后分裂的痛苦与重建的艰辛，让德国人更清楚俾斯麦在150年前就提出的观点：德国需要清晰地理解大趋势，必须选择因时而动，抓住对自己有利的机会。

社会市场经济

德国与英美到底有哪些不同？两德统一之后德国境内各区域的经济能够相对均衡发展（当然东西德经济还是存在差距的），不像英国或法国那样，伦敦和巴黎占据太多资源，头重脚轻；也不像美国，东西海岸和芝加哥等大都市与内陆之间不仅存在经济发展的鸿沟，政治上也日益撕裂。虽然老牌政党在走下坡路，极右翼势力抬头，但默克尔构建的党派同盟执政超过15年，为德国带来了稳定。更重要的是，与20世纪80年代里根、撒切尔所推崇的自由市场经济不同，虽然同样面临全球化的冲击和科技迭代的颠覆，德式的社会市场经济（social market economy）仍显示出稳健的发展步调，努力去平衡资本与劳工、大城市与乡村、短期与长期发展的关系，而自由市场经济中这一系列关系的失衡，自2008年金融危机之后就不断产生日益严峻的问题。

超越乌卡：不确定时代的长期主义思考

德国经济学家阿尔马克提出了社会市场经济这一概念,德国战后经济的发展也践行了这一概念。一方面让市场来配置资源,发展经济,创造财富;另一方面,在经济成果的分配上兼顾资本和劳工,体现社会的公平。

德国人性格鲜明,他们守规则,有社群精神,强调秩序。整个德国社会都构建在一种相互肩负责任的基础上,而这种相互责任也代表了一种保持平衡的社会态度,国家就是为了帮助弱者挑战强者,平衡富贵与贫穷。

在企业组织上,社会市场经济强调劳工与资本的平衡,工会代表进入董事会(占三分之一到一半的席位),工会加入企业的管理之中。在面临经济周期下行或经济危机的时候,企业尽可能减少裁员,用提前休假、无薪休假、减少工作时长等办法,共度时艰。德国企业在成长过程中意识到,强有力的工会和资方与劳方共同遵守的规则是更好的制度安排。劳工的稳定让它可以避免英美企业在经济下行时大量裁员给劳工带来的痛苦,也不用担心在经济上扬时需要花大量时间培训新员工。强大的工会参与董事会管理,也可以确保劳资双方大多数时候都会选择协商而不是对抗罢工的方式解决纠纷。

有了这种组织的保障,无论是企业还是个人都会把更多精力投入在职业教育和培训上。德国技术培训的学徒制度一直为各国所羡慕。德国也是比较早践行终身学习的国家,强调培训员工能力水准要超越岗位的需求,希望帮助每个人设定长期的职业发展规划,

01 形势篇：注定不平凡的 20 年代

不断成长。这种制度让企业和个人都有动力投资人力资源。

持续投资人力资源，使得德国企业工人的生产率能够持续提升，这也是为什么 2019 年就有德国企业率先尝试"做四休三"的工作制度，减少工作时长，让员工有更多时间照顾家庭，享受生活。

资本和劳工有制度保障去谋求共识，也有助于德国企业拥抱"长期主义"。德国企业的中坚力量是家族连续几代人在管理的中小企业。恰恰因为资本与劳工的利益捆绑更深入，这些中小企业的发展目标就更长远，也能确保它们持续在细分市场保持领头羊的地位。

德国大企业分布在德国各地，而不是集中在几个大城市，也确保了区域之间经济发展的平衡，以及大城市与乡村之间的平衡。柏林几乎成为西欧所有大国中对国民经济唯一不具备主导地位的首都，自然有其历史原因（当然，柏林也因此成为德国的创意与创业之都，倒是无心插柳）。相比之下，英美等国过去 30 年越来越多的工商业向主要大城市集中，加剧了社会的失衡。

稳健且可靠，足够迎击挑战吗？

2004 年 11 月，默克尔当选总理之前，有人问她德国最能唤起她什么情感？她用一贯平实的语言回答：我会联想起密闭性很好的窗子，没有哪个国家能制造出密闭性又好又漂亮的窗子。17 年执政下

超越乌卡：不确定时代的长期主义思考

来，德国制造产品的可靠性或许是默克尔管理这个国家留下的最大遗产。

默克尔的低调作风赢得了世人的尊重，她行事稳重小心，好像深思熟虑的棋手。随着在位时间的增加，她也越来越谨慎，做事强调迈小步，尽量考虑周全。

不过，这并不意味着德国没有挑战。相反，无论是全球化的冲击，技术迭代带来的创新窘境，抑或是所有发达国家都面临的人口老龄化难题，都是复杂难题。

简单梳理一下，德国面临四大挑战。

首先，在高科技不断颠覆现有企业的时代，德国企业普遍被认为创新不足。为数不多的德国移动支付企业 WildCard 爆出的造假丑闻，让很多人担心德国人没有学到硅谷创新的精髓，却沾染上了热钱吹捧出的泡沫。英国脱欧带来的机遇，让法兰克福跃跃欲试，希望取代伦敦成为欧洲的金融中心，可是以德意志银行为代表的德国大银行还没有走出 2008 年金融危机的挫败，依然一蹶不振。在云存储、云计算和云服务勃兴的数字经济时代，德国 ERP 巨头 SAP 公司也和当年最主要的竞争对手美国的甲骨文那样，缺乏竞争力。最令人担心的是德国企业的脊梁汽车制造业，会不会在应对电动汽车新势力时一再贻误时机。

这一系列质疑都在挑战德国企业所信奉的"缓慢但踏实"的做法，努力在资本和劳工之间谋求共识的做法，能否适应全球化带来的更大的竞争压力，以及科技迭代带来的更快的变化速度？换句话

01 形势篇:注定不平凡的 20 年代

说,德国能否适应快速数字化转型的时代?德国能否在数字经济领域推动创新?

其次,全球化的竞争显然对德国的社会市场经济带来了冲击,德国该如何应对?

德国一贯秉持财政保守主义,强调"黑色的零"(对赤字说不),这直接导致基础设施投资严重不足,现有的基础设施缺乏维护,数字基础设施更是乏善可陈,比如德国的网速在发达的 OECD(经合组织)国家排名靠后。

两德统一之后,德国工人的实际工资基本没有增长。收入停滞,储蓄率高,导致德国整体消费额没有大的增长,德国巨大的过剩的产能需要其他国家的消费来支撑。

欧盟一体化,短期给德国制造业带来了红利,国内过剩的产能可以向欧洲他国出口。西班牙、葡萄牙和奥地利,也享受到了发展带来的红利,可以以更低廉的价格发债刺激经济发展。但欧元区的南北差异带来的长期结构性问题在 2008 年金融危机的冲击之下暴露无遗。欧元区第一个 10 年的繁荣,建立在南欧过度举债的基础上。比如,西班牙通过债务激增来消化德国过剩的产能,但在这一过程中带来了浪费性的消费,以及包括房地产在内的资产价格的暴涨。金融危机过后,南欧各国至今仍然没有从债务危机中完全走出,资产泡沫的破灭对德国和南欧国家都有所打击。

欧盟的东扩,让两德统一的红利波及更广泛的中东欧。冷战两边的工资和生产率都相差甚远。距离德国和奥地利只有咫尺之遥的斯洛伐克,2000年时工人工资只有德国工人工资的九分之一。过去30年,德国汽车企业在欧洲增加的产能几乎全部投资在东欧。寻求更便宜的工资水平,在跨国公司眼中无可厚非,但对德国本身的经济显然也带来了压力。

中国连续四年是德国最重要的贸易伙伴。但德国人也在思考一系列问题:是否过度依赖出口中国?中美未来的贸易摩擦又会对中德经贸关系带来什么样的影响?中国并购德国中小企业中的行业龙头是否会对德国经济未来的竞争力带来负面影响?(美的并购德国机器人制造商库卡之后,德国已经加强了对这类并购的审批。)在2020年末,历时七年谈判长跑终于达成了中欧投资协定[①]。默克尔一直希望中欧能就市场准入、公平竞争与可持续发展等重要问题达成协议。协议的达成,不仅了却了她的夙愿,也为中德未来的经贸发展提供了制度性的规则与保障框架。

第三,默克尔2021年谢幕之后,她给德国政坛带来的稳健是否也快走到了头?

默克尔带领基民盟获得了四次大选,但每次都建立在日益脆弱的政党联盟基础上。德国人常常用非洲旗帜来类比这种联盟:牙买加国旗(黑黄绿),代表基民盟与联邦民主党和绿党的执政联盟;肯尼亚国旗(黑红绿),比喻基民盟与社民党和绿党的同盟。

但默克尔的稳健并不能掩盖德国老牌政党的没落。强调社区

[①] 2021年5月20日,欧洲议会通过冻结中欧投资协议的议案。

01 形势篇：注定不平凡的20年代

和传统家庭价值观的基民盟虽然仍然是第一大党，但得票率每况愈下。默克尔之前执政的施罗德所属的社民党更是没落。自2000年到2016年，德国认同自己是劳工阶层的比例从37％下降到19％，传统代表劳工阶层的社民党跟不上变化的脚步。右翼德国的选择党反而支持率大幅提升，成为第三大党。和推动特朗普上台的力量类似，选择党是一群对现实不满的反对派的集合，涵盖了对经济发展不满意的东德人，以及对默克尔敞开大门迎接100万难民不满的西德人。

2021年1月16日，基督教民主联盟选出新党首，候选人是否能像默克尔一样稳如磐石，仍然是质疑大于肯定。

最后，统一之后的德国并没有完全融为一体。柏林墙倒塌30年之后，不少东德人再度燃起怀旧情绪，倒不是对东德有多少怀念——很多年轻的东德人出生在统一之后——而是对全球化带来的剧变感到恐慌。有人把东德人的这种心结比喻为"心中的墙"。

这种隔阂感也体现在与西德人不大相同的身份认同上。在不少东德人印象中，典型的西德人常常把类似的话挂在嘴边：我已经厌倦了马尔代夫的海滩，正在想，是不是把自己的奥迪卖掉，换辆新车。

不知道，默克尔对这样的"凡尔赛"体，做何感想？

英国,在帝国想象中迷失:从苏伊士运河说起

现代史上最主要的霸权更替发生在英国和美国之间。英国认为与美国有特殊的文化和制度的渊源,类似希腊与罗马的承继关系,两者之间的霸权兴替也是近代史上为数不多的没有战争硝烟的更迭。但没有战争并不代表这样的更替是自愿的。在历史的多个时间节点上,比如1945年二战结束到1956年苏伊士运河危机,英国不断试图去重建大英帝国的荣光。

在英美博弈中,我们能清晰地看到霸权兴替背后的三条主线,而这三条主线的形成发生在不同的时间阶段。

第一条线是产业的霸权。美国在20世纪初就已经超过英国成为全世界最大的制造国,但要到二战之后才占据全球GDP的半壁江山,成为无可撼动的世界工厂。

第二条主线是全球货币的霸权。20世纪初期,英镑仍然是全球最主要的货币,在大英帝国中,英镑结算、英国制造与英国主导的全球贸易体系盘根错节,美元一直要到二战中"租借法案"的推动才展现出霸主的实力。

01 形势篇：注定不平凡的20年代

第三条主线是支配全球贸易体系的霸权。二战之后美国主导的国际金融和贸易秩序，一手是布雷顿森林体系和世界银行与IMF这样的机构的建构，确立了以美元为核心的全球金融体系；另一手则是以关贸总协定为主体的全球自由贸易协定，确定了以美元结算为基础，以美国扮演"全球警察"为保障的全球自由贸易体系，而这一体系是为美国成为世界工厂和全球最大的消费市场而服务的。

从英国在产业体量上被美国超越，到英镑在全球贸易和投资领域被美元所蚕食和替代，再到英国很"自觉"地加入支持美国主导战后全球金融和贸易体系的重建，看似一帆风顺，其实暗潮涌动。

苏伊士运河的控制权更迭事件，给了高歌猛进的数字化和全球化一个清醒的注脚：虽然数字化已经能够做到交流无远弗届，但真实的世界仍然依赖一百多年前地缘政治所构建的体系和基础设施运作。

苏伊士运河背后记录了全球化与全球霸权此起彼伏的故事。

1882年，英国占领埃及，完全控制了苏伊士运河，从而也控制了与印度和远东地区的直接贸易联系，日不落的大英帝国达到全盛。苏伊士运河也被当时的英国首相称为"大英帝国的旋转门"。1936年，《英埃条约》签订，英国有权在苏伊士运河驻军。1951年，埃及宣布废除此条约。1954年，英国同意放弃驻军权。1956年，埃及宣布苏伊士运河收归国有。同一年，英国希望与法国和以色列共同行动，再次试图全面接管苏伊士运河，却遭遇了滑铁卢，这也让英国第一次意识到自己不再是全球霸主。

大国博弈与全球领导权的更迭,远非一蹴而就,帝国的荣光,总会迷住衰落大国的眼睛。

衰老帝国的误判

1956年埃及宣布运河国有化,英、法作为运河的两个主要股东,特别是作为运河长期的实际控制人的英国,感受到了危机。英、法和以色列达成密约,以色列出兵运河,英、法作为"中立方"参与调停,重新控制运河。

10月底以军发动入侵,英、法出兵维持,成功控制运河。可是外部形势的变化远比英、法政客预料得要快。美国时任总统艾森豪威尔明确表示,要在新的全球治理体系——联合国的平台——上解决运河危机,不能容忍悍然使用武力解决纠纷。在联合国安理会,美国选择站在苏联一边,抵制英、法入侵运河。在英国本土,反战情绪高涨,普通民众无法理解,国家经济凋敝,为什么还要耗费巨大资金支付海外战争。

一周之内,英国迅速转变态度,选择接受美国的条件,马上停火,并在联合国部队到来之际完成撤军。法国对英国在美国压力之下如此迅速示弱灰了心,反而坚定了自己与老对手德国捐弃前嫌,好好打造"欧洲合众国"的战略方向。这场战争也标志着美国和苏

01 形势篇：注定不平凡的20年代

联两个超级大国成为真正主宰中东乃至全世界的力量。

苏伊士运河控制权更迭事件是英国完全丧失全球霸权的标志。

英国为什么会对二战之后整个全球战略大势和自身的地位做出如此严重的误判，需要被一场危机羞辱才能警醒？

在新书 Britain Alone（《孤立的英国》）中，作者《金融时报》首席政论评论员菲利普·史蒂芬斯（Philip Stephens）分析认为，英国执迷于"大英帝国"之梦迟迟无法醒悟，与英国二战期间在欧洲孤身奋战有关。

英国是欧洲极少数几个本土没有遭受入侵的国家，这也使国家的制度得以保存。战争的胜利更加深了英国政客对自己的制度——包括大英帝国在全球的一系列制度安排——的信心，认为这一制度既然有足够的韧性承受一场世界大战的洗礼，为什么在战后反而需要做出巨大的调整呢？这是英国怀旧心态的根源，也是它根深蒂固的盲点所在。

相反，德国、法国在二战之后，基本上都成了废墟，原有的制度被战争冲击成碎片，政治和经济的双重废墟也让战后的新一代政客深刻反思，从零开始重建。

当英国还沉浸在帝国重生的荣光之中时，欧洲大陆快速复苏的国家已经在构想"欧洲合众国"了。而10年之后1956年的苏伊士运河事件，恰恰凸显了彼此战略选择中最重要的分歧，也把遮掩着大英帝国衰落的最后一块遮羞布扯了下来。

以丘吉尔为代表的英国老旧政客所不能理解的是，罗斯福在加入二战之初就明确了美国的态度：美国加入一场世界大战，绝不会只是帮助英国维持大英帝国的体系不变，参战的前提是支持"民族自决运动"。这当然是美国在二战之后所推进的价值观中冠冕堂皇的部分。从实力上来讲，既然美国为二战做出了巨大牺牲，其经济影响力也显著增强，在战后强调美国的利益，让美国成为全球的主导，再自然不过。美国取代英国成为主导全球的霸主，是历史上很少见的没有战争硝烟的巨头交班。

英国前首相撒切尔夫人曾经对苏伊士运河事件有三点反思：首先英国今后在没有获得美国支持之前不能做任何军事上的冒险，20世纪80年代，当她决定从阿根廷手上武力夺回马岛的时候，事先就征得了美国的默许；其次一旦发起战争，不达目标绝不罢休；最后一点是不能迟疑。

凯恩斯的"敦刻尔克"

大英帝国的丧钟，在1945年德国投降那一刻就敲响了。经年战争导致的经济凋敝是实际的，帝国的荣光也在战争的硝烟中一去不复返了。美国作为崛起的强权国家，在战争中没有丝毫的损失，反而成为全球经济的引擎，GDP占战后全球的一半；苏联也从战火中重整它的工业体系，并且控制了整个东欧。全球地缘政治两强冷战的格局已定。丘吉尔却仍然沉浸在"三强"的梦幻中，无论在雅尔

01 形势篇：注定不平凡的 20 年代

塔还是波茨坦，他都以能与罗斯福和斯大林并列而自居，无法认清英国已经不再是霸权国家的现实。

表现最明显的衰落迹象是英镑的崩塌。要维持帝国的体面，需要有强有力的资金支持。战争期间，英国依赖美国的贷款还能维持大英帝国的体面。但战后，资金匮乏的英国仅仅是支付在德国解放地区占领并维持秩序的费用都捉襟见肘，不得不把希腊和土耳其的防务交给美军。

二战后的英国仍然试图去维持帝国的荣光，可是金融上根本不允许。在一个日益由美元主导的世界，英国因为入超（进口大于出口），没有足够的美元来支付管理殖民地的费用。这是全球铸币权丧失给英国带来的最惨痛的教训。

更令英国人意想不到的是，1945 年 8 月日本刚刚宣布投降，美国的杜鲁门政府就决定终止租借法案，停止对英国的援助。英国很快面临经济上"断粮"的危险，不得不在 12 月派出著名经济学家凯恩斯到美国就援助问题斡旋。在巴黎和会上看到英、法对战后德国毫无怜悯的惩罚措施之潜在危害，从而拂袖而去的凯恩斯，一定不会想到，自己去曾经并肩战斗的盟国谈判，竟然落到和商讨城下之盟差不多的待遇。

凯恩斯有上中下三策：上策希望美国能够继续无偿援助，帮助英国挺过难关；中策则希望至少获得无息贷款，孰料美国谈判的态度特别强硬，凯恩斯只好选择接受下策，借款 37.5 亿美元，年息 2%，从 1951 年开始还本，分 50 年还清。

超越乌卡：不确定时代的长期主义思考

2%的年息在当年市场算是比较低的,但美国还强加了一些条件。事后看来,这些条件的目的是确保建立以美国为中心的未来全球财经秩序和规则,即要求英国支持美国领导并接受战后主导全球金融的布雷顿森林体系,建立 IMF 和世界银行等一系列规则导向的国际机构。

当然,美国提出的条件中也有一条是赤裸裸地向衰落的帝国逼宫的条款,直接威胁到大英帝国生存底线:要求英国在 1947 年全面开放英镑全球可兑换政策,让原先的英属殖民地可以自由兑换美元。这一要求的潜台词很明显,台面上是让所有新独立国家都可以自主选择留在英镑体系还是加入全新的美元体系,但实际上却是加码确保美元替代英镑作为全球交易和储备货币。英国与前殖民地签订的采购英货的条约同时被废止。此外,美国推动全球自由贸易的关贸总协定,也是为了维护全球最大经济体美国的经济利益,结束大英帝国对全球贸易的主导。

如果说英国此前还幻想大英帝国在以英镑为主导的经济自由化中继续存在的话,美国的这一系列逼宫已经让不少清醒的英国人意识到大英帝国的日暮西山。形势比人强,凯恩斯在这种情况下只能"打落牙齿和血吞",私下里这位全球闻名的经济学家慨叹,这是没有硝烟战场上的一次"敦刻尔克",英国再一次"仅以身免"。当时的《经济学人》杂志在社评中不无心酸地说:英国耗费了四分之一国家财富,为全人类打赢了一场战争,却要在未来半个世纪向发了战争财的人偿还巨额债务。

01 形势篇：注定不平凡的20年代

希腊与罗马

任何一种大国霸权的更迭都不可能是一帆风顺的，即使在有着相同的语言和文化渊源的英国与美国之间也不例外。

1945年，丘吉尔一代的英国政客沉浸在胜利的喜悦之中，以为经济的凋敝只是暂时的困难，帝国的荣光会因为战争的胜利而恢复。在丘吉尔的世界观中，英国仍然是三个全球地缘政治的同心圆的连接者，甚至是中心。这三个同心圆分别是：大英帝国和英联邦；英美相互依存的共同体；以及战后统一的欧洲。1953年伊丽莎白二世的加冕礼更展现了那种万国来朝的"日不落帝国"的荣光——各路国王贵族和上百名总统总理出席——只有下一代人，10年之后的年轻人，才能看清楚，那是帝国的回光返照。

全球霸权从大英帝国向美国的转移，从1945年就已经开始了，英国人直到1956年苏伊士运河事件之后才看清楚。在苏伊士事件危机中，英国和法国都在扮演未遂的帝国挽救者的角色。但是在运河事件之后，两者却选择了不同的道路：法国选择向陆，拥抱欧洲，与德国联手，并且成为欧盟幕后的政治主心骨；英国则选择向洋，拥抱美国。

作为曾经日不落帝国的传人，英国人揣度，虽然英国衰落了，但与美国的关系仍然不失为希腊与罗马的关系。罗马文明源于希腊，

超越乌卡：不确定时代的长期主义思考

从文化和价值观的维度,仍然唯希腊马首是瞻。英国人这么想,是强调美国与自己的趋同,甚至还有点高高在上。就像希腊人"鄙视"罗马人一样,英国人也认为美国人野蛮不开化,觉得美国在不少地方"粗陋不堪",还需要英国的"帮助"。当然换个视角,也可以认为这是掩饰英国衰落的自我安慰。

经历苏伊士运河事件之后,英国似乎找到了自己的角色——一个衔接欧洲和美国的桥梁。虽然在华盛顿和布鲁塞尔之间借力打力是一个并不容易讨巧的平衡动作,但至少能帮助英国人刷出了存在感,保持与华盛顿的紧密关系,也能加重英国在布鲁塞尔的发言权。

欧洲人对英国人自封的特殊地位就很不以为意,德国前总理施罗德就曾对英国前首相布莱尔说:别忘了,桥梁是要让人踩着过的。

但实际上,英国与美国的特殊关系,在美国看来,首先是服务美国利益的。里根决定出兵入侵英联邦成员国格林纳达的时候,根本没有提前知会英国。2003年,小布什决定入侵伊拉克,英国时任首相布莱尔认为英国有义务加入美国主导的战争。但伊战之后,一名美国高官却评述说:英国人尽管可以说他们与美国是"特殊的关系",但别忘了,美国与许多国家关系都很特殊。

脱欧敲下了帝国盖棺的最后一颗钉子

2016年英国时任首相卡梅隆输掉了脱欧公投的赌博,让英国一

01 形势篇：注定不平凡的20年代

下子丢掉了苏伊士运河事件之后60年好不容易明确的全球定位：一个有着全球视野和全球利益的欧洲一流国家，政治上是美国和欧洲的桥梁，经济上是全球企业投资欧盟28国的平台和金融中心。脱欧之后，英国再次像1945年时那样，因为误判而迷失了自己的方向。

脱欧背后的情愫可以上溯到苏伊士运河事件，两者都因为对英国的实力缺乏清醒的认知，用怀旧替代理性的分析，总是期望能回到过去的帝国荣光，却在现实中让自己一再被羞辱。但两者也有明显的不同。二战后的英国政客毕竟在大英帝国中成长，到了21世纪，英国的领导者已经跟英国自身地位一样变得平庸。

《金融时报》前总编辑莱昂内尔·巴伯（Lionel Barber）在2020年出版的回忆录 *The Powerful and the Damned*（《当权的和被诅咒的》）中就辛辣地点评英国首相之一代不如一代。在他眼中，布莱尔既能说会道，也很有头脑；布莱尔的继任者布朗却只有头脑，不善表达；再之后担任首相的保守党人卡梅隆就只剩下能说会道了，因为没有头脑，才会把英国带进脱欧的沟里，爬都爬不出来。

在另一名英国政府高官的眼里，卡梅隆之于权力，就好像对待一套昂贵的西服一样，只想着自己光鲜。他当首相，并没有一个英国向哪里去的大方案，只是觉得自己可以胜任首相。而另一位卡梅隆智囊的批评更辛辣：卡梅隆的世界观很简单，世界就是可以去度假的地方，特蕾莎·梅也类似，都是那种以成为首相作为从政目标的人，却没有真正的目标和计划；而现任首相约翰逊则是彻头彻尾的机会主义者,是"没有指南针"的首相。

　　但帝国的体面和大英帝国的荣光,直到现在对英国仍然有巨大影响。撒切尔夫人就曾经一再宣传"英语文化圈",希望把英美的特殊关系延展到加拿大、澳大利亚和新西兰。这种英语文化圈最好的代表莫过于007邦德的超级间谍形象,成为英国在后帝国时代的自我想象和自我安慰。007影片自1962年推出之后足足拍了25部,长盛不衰。

　　帝国想象的常青与现实中帝国衰落的矛盾,应该是让英国一而再,再而三迷失自己位置的主因。

01 形势篇：注定不平凡的20年代

如何应对全球变暖？

2020年冬天，孤星之州得克萨斯州（简称得州）的电网在史无前例的寒潮冲击之下，全线崩溃，老百姓在大停电中饱受寒冻的煎熬。美国得州的灾难是全球变暖带来气候剧变的代表，也凸显了应对全球变暖是一个复杂宏大的议题。即使有了清洁能源，但如果不能改变老旧的基础设施（得州电网是美国电网碎片化的典型，因为长期自给自足，没有与全美其他电网互联互通），将政客"自给自足"的思维转变成"互联互通"，快速拥抱新技术，要与全球变暖做斗争，也几乎是不可能的挑战。

恰恰是不可能完成的任务，就更需要来自不同领域有识之士的关注。退休后致力于慈善事业的全球首富比尔·盖茨2021年推出的新书《气候经济与人类未来》（*How to Avoid a Climate Disaster*），就是一份应对全球变暖的宣言。盖茨的这份宣言里没有咄咄逼人的气势，或者舍我其谁的抱负，更像是一本探讨全球是如何变暖这一课题的教科书，试图把造成全球变暖的主要动因一网打尽，掰碎了讲清楚，然后再提出2050年全球碳排放归零的雄伟目标，并给出了一条颇具理想主义的路线图。

超越乌卡:不确定时代的长期主义思考

盖茨在新书中展示了要很好地分析一个复杂的问题——全球变暖即使只是分析因果,也是一项跨学科的大工程——需要把它剖析分拆成各个不同的组成部分,理解它们之间的联系和相互影响(解决是什么和为什么的问题),然后再制定目标,提出解决方案,并考虑清楚在解决过程中如何应对不同利益集团的诉求(怎么做的问题)。书中引用了大量的数据和案例,尽可能用普通老百姓能够理解的语言和图例,强调应对全球变暖的急迫性,以及只有各方积极参与,制定具有野心的目标,并且能够切实执行,人类才能真正避免在一两代人之后陷入气温上升两摄氏度甚至更多而带来的一系列灾难之中。

书中可圈可点之处有三:

首先,盖茨在书中用了五个章节近一半的篇幅不厌其烦地把每年全球510亿吨的碳排放来源一一拆解开来,从整体上把温室气体的排放源头做了一番清晰的梳理,把它们之间的关系也钩稽清楚。

温室气体排放最大宗是工业生产,尤其是钢铁和水泥的生产,占全球碳排放的31%;第二是发电,占比27%;第三是农业和畜牧业,占比19%;第四是出行,占比16%;第五是建筑供暖和空调,占7%。仅仅是最宏观层面的数字,也给所有力图拥抱清洁能源的人一大警醒:实质性减少温室气体排放,仅仅依靠增加太阳能和风能发电,或者鼓励更多人购买电动车,依然是杯水车薪。

对全球变暖的后果,盖茨也试图用数字来客观描述:如果无法尽快将碳排放降到零,甚至进一步减少大气中二氧化碳含量,气候

01 形势篇：注定不平凡的 20 年代

变暖从量变走向质变之后，所带来的灾难性影响是难以估量的。全球平均气温升温 1.5 度摄氏与 2 摄氏度之间的区别，不是增加 33% 的灾难，而是翻番。换句话说，气温增加所带来的影响不是线性的，而是指数级的。上一个冰河纪，地球平均气温只比现在低了 6 摄氏度；而在恐龙繁荣的侏罗纪，气温只比现在高了 4 摄氏度，北极圈内却都有鳄鱼生存。

其次，盖茨能非常务实地点出了全球持续变暖的动因：全球处于大多数的发展中国家人民对美好生活的需求和现实中可预期的未来新技术的发展远没有能够达到替代传统化石能源水平之间的矛盾。

盖茨基金会此前在非洲所做的各项工作，无论是净化饮用水、防治流行病、铺设电网，还是其他一系列的减贫工作，都让盖茨深刻认识到发展与温室气体排放之间的正相关，不能因为富裕国家人士意识到了温室气体排放带来的生态危机，就需要贫穷的欠发达国家也同样在尚未完成经济发展和生活水平提升之际就放弃使用便宜的化石能源，更不能剥夺他们使用廉价的化石能源的权利。

这一经验让盖茨很清楚，减排乃至将每年的碳排放下降到零的工作，主要落在富裕国家和有能力的企业家身上，他们需要努力从自己做起，他们也需要将突破性的技术向发展中国家推广。在这一过程中，一定会发生富裕国家减排，而发展中国家因为经济发展和人口增长而增加排放同时存在的情况。在这种情况下，如果富裕国家板着脸一副教训发展中国家不顾大局的样子，而发展中国家也因

超越乌卡：不确定时代的长期主义思考

此找各种理由为自己辩护，双方都有可能对全人类面临的巨大危机失焦。

再次，对于如何解决问题，盖茨总结出了"绿色溢价"（green premium）的概念。所谓绿色溢价，就是使用绿色清洁能源要付出的更多成本。盖茨提出，在主要产生碳排放的领域，首要工作应是如何降低新技术的绿色溢价，并想办法缩短新技术的应用推广周期，早日实现技术迭代。

他很清楚，改变人的行为，仅仅靠教化或者政府规定是不够的，在政府的指引之下，技术和市场动能缺一不可。他所提出的"绿色溢价"，就是对市场动能最精简的描述：只要当新的绿色技术比传统技术的成本高不了多少，或者因为政府的补贴而跟现有技术一样便宜，才可能有大规模推广的机会。无论是德国推广太阳能的经验还是中美推广电动车的经验，政府的政策指引与政府补贴两手都要硬，才能真正改变整个产业，让成本逐渐下降，同时也让企业和消费者的选择产生剧变。

从绿色溢价出发，盖茨也给政策制定者和企业家提出了三点倡议，希望从供给侧和需求侧同时发力，让技术和市场在有效的公共政策引领下，发挥作用：第一，致力于减少绿色溢价，让绿色金融的成本更便宜，更普惠，让更多绿色领域内的创业者能够拿到融资。这是供给侧发力，希望从根本上大幅提升绿色环保项目的可持续发展。第二，在供给侧增加政府和企业对绿色环保技术的研发投入。第三，在企业采购端增加对环保产品的采购，鼓励越来越多企业能

01 形势篇：注定不平凡的 20 年代

够创造出对绿色产品的需求，形成市场的合力。

2050 年全球碳排放为零的宏伟目标，是盖茨基于未来 30 年经济发展和技术变革提出的理想目标。如果无法实现的话，人类就必须做好准备，应对极端天气频发、干旱洪涝灾害翻倍、山火肆虐、海平面上升、洋流停滞、海洋生物大灭绝、渔业萧条等一系列问题。

但要达到盖茨所提出的宏伟目标，即使在路径选择上仍然会面临短期和长期的取舍，背后涉及经济和金融、政策制定者和消费者的选择，穷人与富人，发展中国家与发达国家之间的矛盾，当然还充满了风险：技术无法取得突破的风险，技术在从实验室到规模化过程中不尽如人意的风险，等等。

盖茨清晰地点出，渐进减排与零排放是完全不同的策略，渐进减排的方式可能带来 2030 年减排的阶段性成果，但却无法保证 2050 年的零排放，而要真正实现迈向 2050 年的零排放的目标，需要做好面对 2030 年并不会带来多少减排的实质性结果的准备。

比如为了减排而推广天然气火电站取代煤电火电站，的确可以在 2030 年取得一系列阶段性的减排成果。但是热电站通常会服役几十年，2030 年投产的天然气火电站一定会服役到 2050 年之后，这意味着 2050 年零排放的目标无法实现。同样，如果一辆家用汽车的平均使用寿命在 15 年，那么要达到 2050 年零排放，需要全球车厂在 2035 年就不再生产和销售汽油车。这一目标现在看起来也根本不现实。

问题是，即使渐进的减排改革都很难推进，想要推动剧变，难上

超越乌卡：不确定时代的长期主义思考

加难！

恰恰因为化石能源所带来的负外部性在相当长的一段时间内并没有被计算入价格之中，而化石能源已经是价值五万亿美元的庞然大物，化石能源推动的工业革命带来了各种产品：电力、汽油、塑料、钢铁和水泥等工业品，汽车和飞机等交通工具，化肥等规模化农业化学品，凡此种种都被任何一个身处当代文明的人视为理所当然而须臾无法离开的东西，也是发展中国家向往的美好生活的物质基础，没有谁只是站在道德的高地上登高一呼，就能带来切实改变。

人人都希望在短期内尽可能不给自己带来不便的前提下，拥抱清洁能源，谁也不愿放弃已经拥有的生活方式。盖茨也坦言，自己2015年应邀参加巴黎气候协定是乘坐私人飞机去的。之后，为了让盖茨全家人的碳足迹——因为出行而释放的二氧化碳——降至为零，他乘坐的私人飞机都是加比传统航油贵一倍以上的生态航油。大多数人都会和盖茨一样，不愿放弃已经拥有的生活方式，无论是全球富人的奢侈还是发展中国家在衣食住行上享受到经济发展带来的富足。但在享受的同时，大多数人是不会愿意为环保买单的，这才是应对全球变暖最大的障碍。

应对全球变暖，是全球人类共同行动的挑战，是短期利益与长期福祉之间的巨大冲突。盖茨的这份宣言本身也因此成为一对矛盾体，恰恰由于他对全球变暖问题剖析得细致入微，就更凸显他所提倡的宏伟目标有多么堂吉诃德式。

全球变暖难道真是未来地球人的宿命吗？

01 形势篇：注定不平凡的 20 年代

从大分流看制度创新

1799 年正月初三，太上皇乾隆去世，几天之后权倾乾隆一朝近 30 年的和珅也被抄家治罪，被赐自尽。"和珅跌倒，嘉庆吃饱"，变成后世传播颇广的一句话，形象地描述了和珅家产之多，富可敌国的景象。据说，查抄和珅所获得的赃款大约是大清朝岁入的两倍之多，令人咋舌。

同样，18 世纪末的西欧各国经历了文艺复兴、大航海时代的地理大发现、海外殖民与第一次工业革命的洗礼，商业和金融都获得爆炸式的发展。举一个例子，到了 1799 年，英格兰银行（英国央行）所发行的国债已经达到英国 GDP 的两倍，金融对推动英国海外殖民和工业革命后的经济发展，都起到了巨大的作用。

当然，我们不应用大清朝的岁入与大英帝国的 GDP 做直接的比较，因为大清朝的岁入除了小部分来自盐业专卖或者广州十三行在粤海关征收的关税之外，大部分仍然是土地税，并不能完全代表大清朝的 GDP。相比之下，英国税赋收入中的七八成已经来自贸易相关的关税收入。但，如果权且把岁入等同于 GDP，比较起来仍颇有震撼感，因为东方老大帝国皇帝宠臣贪赃枉法的所得与现代国际

超越乌卡:不确定时代的长期主义思考

金融制度中才有的国债,两者分别与 GDP 的比例,恰好都是两倍!

前者是大一统农业帝国酱缸文化的延续,贪腐之所以屡禁不止,就是因为总是无法在制度上取得创新和突破,日益专制的皇权任人唯亲,导致权力滋生出越来越严重的腐败,老大农业帝国对资产的攫取和盘剥远比推动资本的流动和创新来得纯熟。

后者则代表了在西欧列国竞争中涌现出的全新金融制度的发展。现代金融,本质上就是跨越时间和空间去配置购买力,让政府和商人可以将未来的资本投入当下。老百姓之所以愿意购买国债,一方面是因为对国家制度的信任和形成了一种对国家认同的向心力,另一方面也因为他们由此成为国家的利益相关者,能够通过议会和央行更好地监督政府的行为,尤其是对纳税人税收的使用。

这种对两百多年前历史横切面的对比,让我们能深刻理解西方史家所提出的"大分流",即在 500 多年前的大航海时代,西欧开始把全世界其他古老文明逐渐甩到了后面,一骑绝尘,取得了飞速的经济发展。一边是旧制度的停滞,另一边却是制度的不断创新,大分流背后的原因诸多,但是制度能否创新却是一大根本。

大分流的背后推手

斯坦福大学教授沙伊德尔(Walter Scheidel)在新书 *Escape from Rome*(《逃离罗马》)中提出,罗马帝国之后西欧在政治上邦国

01 形势篇:注定不平凡的20年代

林立的长期分裂,与以拉丁语和天主教为纽带维系的文化上的相对融合,是欧洲近代在大分流中胜出的重要基础。

沙伊德尔梳理了这种相对稳定的邦国竞争,相对多元的文化融合,以及在竞争中涌现出的新科技和新制度对西欧发展的推动力。

第一,西欧邦国体系的建立和完善,无论是在邦国内,还是在邦国之间,都逐渐形成了分权制衡与竞争的机制,繁荣的多中心成为西欧邦国体制的最大特色。

走出中世纪的1300年,西欧的邦国数量从三十多个分化出超过100个,而且在之后的几百年中并没有发生中国战国时代的大国对小邦的兼并乃至强秦的大一统。邦国之间的分裂与竞争,造就了欧洲内部持续拥有多个中心,阻碍了集权发展,确保不同国家能够选择多样化的发展路径,尝试多种可能性,并且在竞争中优胜劣汰。而邦国之间保持相对稳固的均势,也让多个中心都能持续繁荣发展。

这种多中心的发展模式,也体现在无论是西欧本身,还是各个邦国内部,都存在各种相互竞争与制衡的阶层和权力中心。

西欧共同奉行天主教,教会成为王权、诸侯与骑士和商人之外的另一重要势力,形成了与世俗王权抗衡的泛欧洲的势力,一种将欧洲凝结在一起的纽带。政治权力为世俗的王权所控制,军事权力为封建诸侯和骑士所垄断,天主教在全欧洲遍布,而商业权力却在封建诸侯与新兴都市商人的博弈中日渐偏向后者。

邦国国内分权的结果是,无论是征税还是开战的大政方针都依赖召开大会协商定夺,为后世代议制的滥觞。邦国之间的均势让竞争的面向变得更多元,不只是武力的竞争,更是商业、科技和思想的竞争,而科技与思想的创新又因为没有一统的世袭皇权而更容易挑战权威,成为抵御压抑思想的力量。

第二,地方自治与竞争的并存,推动西欧发展出成熟的宪政与法治。

地方自治需要走出熟人社会,需要在陌生人之间建立互信与协作,建立商量与解决纠纷的机制,建立与其他自治团体沟通与竞争的原则。欧洲有几百个城市、几千所寺院以及大量的大学都依据宪章(Charter)建立,而在这些自治的城市里,地方议会(local assembly)由当地贵族、自由民和商人组成,其主要职责就是解决和协调纠纷,同时形成当地市民社会的社交纽带,这也是打破熟人社会,建立信任和公信力的基础。

商业的发展又促进了行会的成立,强化了这种信用体制。行会的传统是由陌生群体组成组织,行会的成员人来人往,有人加入,有人离开,但是行会本身却一直存在,而其存在的最大意义就是为普通商人提供不受强权掠夺和剥削的保护。

第三,代议制的形成,锤炼出一整套权力如何分配和制衡的成熟规则。

代议制在小国发展得更好更快。比如,英格兰无论是疆域还是人口都比法国要小很多,代议制反而能发展更快。这是因为在小国更多普通人容易参与到代议制之中,而且议会开会的频次要高很多。

英国 1215 年推出的大宪章和 1688 年的光荣革命,都具有开创性的历史意义。主要意义有三:其一是将权力逐渐关进宪政的笼子里,如果国王为了打仗征税,首先需要议会同意;其二是确立公开讨价还价的流程和制度,不同阶层,无论是君王、贵族和骑士,还是商人和市民,他们之间的分歧都需要通过协商来解决,建立了一套正式的互动流程以推动共识;其三是正式分权,比如给予议会对征税的批准权和对公共财政的监督权,这就让在经济发展和社会变化中涌现出的新阶层对大政方针有了更多参与的机会。

第四,在社会组织和制度的演进过程中,也引入了熊彼特式的"创造性破坏"。

熊彼特提出的"创造性破坏",就是强调在商业领域需要对旧制度和旧模式进行破旧立新,同样适用于社会组织和制度的演进中的推动创新。制度的进化和积累需要稳定的国家体制来支持,欧洲长期存在的相对均势又充满竞争的邦国体制恰恰构建了这种环境。而邦国之间的竞争在很长时间内都不分胜负,这让它们会更注重如何提升自身的表现,因此它们对制度和科技两方面的创新都很看重,因为两者都有助于增加和调动国内资源。

金融制度的创新,尤其是基于国债和议会监督的公共财政的建立,和国家央行的设立及国债的发行,都是推动国家走出中世纪经济发展的巨大创新。央行不仅帮助政府筹集军费,也为工商业者提供更加便宜的贷款,让资本与新技术的结合变得更容易。吸收存款的银行、债券市场、相对低的利率,这些都是金融创新的结果,也推动了资本的利用。

第五,自由又有竞争力的思想市场。

欧洲虽然邦国分裂,但是仍使用罗马帝国留下的拉丁文,这让欧洲的君王贵族和知识阶层仍然有可以相互交流的基础。文艺复兴不仅挖掘出超越国界的共同文化,也推动了泛欧洲的"书信共和国"(republic of letters)的发展,并在17世纪蔚为大观。这种泛欧洲的思想共同体,让新兴的知识阶层能频繁交流,让思想者可以周游列国,不受特定君王的迫害,找到最好的支持者,更推动了充满竞争力的思想市场的发展,让新思想能广为传播,也让新锐的思想者博得名声和影响力。

1660年英国皇家学会(Royal Society)的成立,就是这种思想共同体的一部分。皇家学会成为科学思想和新知的自由交流平台,推动了技术向科学的转变,也成为资本与技术结合的触媒,推动了产业变革。

军事竞争推动制度创新和经济发展

西欧过去500年的发展,也是竞争白热化的发展。邦国之间最主要的竞争形式就是战争。军事竞争几乎贯穿始终,并且随着西欧国家拓展海外殖民地而演化成为全球的竞争。战争也因此成为推

01 形势篇:注定不平凡的 20 年代

动制度发展的主要推手之一,军事竞争迫使君王与市民社会沟通协商和妥协,最终推动了经济发展。

为什么军事竞争那么重要?因为打仗要花大量的金钱。尤其是随着火药的发明,战争从冷兵器进化到热兵器,武器、训练和装备都要耗费大量金钱,所谓"大炮一响,黄金万两"。在 18 世纪,欧洲国家开支的 90% 都为军费。

军事竞争因此成为金融创新、技术创新和经济发展的巨大推手。

只有金融创新的邦国才能靠借债,动用未来的钱来打仗,而打仗带来的扩张,和拓边、探索新世界的扩张一样,又有机会去占有和掠夺新的资源。金融创新推动了信用体系与公共财政的出现,债券市场的出现,以及长期债券和债转股等创新工具。西班牙君王腓力二世 16 世纪长期统治西班牙,在军事方面开支巨大,因为赋税无法支付国债,就曾经三次宣布国家破产。这些都是在新的金融制度之下才可能出现的产物。

军事竞争也极大推动了技术的创新。冷兵器向热兵器的转变,火药在军事中的使用,大炮的发明与使用,火绳枪的发明和改进,都拜军事竞争所赐,尤其在激烈的列国竞争状态。

军事竞争还推动了组织形式的创新和动员能力的比拼。近代职业军队是国家中最近代化的组织团体。军队有一套成形的体系,强调服从与执行,成为推动转型的近代化力量。工业革命之后西欧国家的动员能力变得更强,19 世纪初,拿破仑从法国 4400 万人中征得200万人的士兵;英国的征兵比例更高,政府从英国和爱尔兰1800万人中征得了100万名士兵。

相比较之下,中国在治军问题上无论是宋代还是明代都没有在组织和动员这两点上取得突破。宋代与明代都在制衡上下功夫,确立了文将武的传统,避免了尾大不掉的藩镇的出现,却并没有任何近代意义上的军队组织创新。在遭遇到强敌入侵的时候,尽管南宋和明代的经济实力远超入侵的游牧民族,却无法有效动员,更没有现代金融制度来募集庞大的军费。

军事更是极大地推动了经济的发展,尤其是产业的发展。英国近代军事的发展,促进了钢铁业、煤炭业和纺织业的大发展。钢铁、煤炭与枪炮和强大的海军息息相关。1800年英国海军就已经拥有500艘军舰,而纺织业则依靠为100万士兵提供制服而发展起来。仅仅是1790到1813不到25年的时间内,英国棉布产量增长就翻了三番,而钢铁产量更是翻了四番。

帝国的挑战

与欧洲长期竞争的邦国体制不同,大分流的另一边是周期性稳定的大一统帝国,并在循环螺旋上升过程中,专制集权体制日臻完善。

帝国是治理农耕社会广土茂民的一种方式,它稳固而和谐,但

01 形势篇：注定不平凡的 20 年代

缺点也很明显，即动力发展不足，经济和商业发展不稳固。帝国还会面临一个致命威胁，即马尔萨斯提出的"人口陷阱"。因为帝国内没有战争这样的破坏性力量，稳定的环境促进人口孳生，但主要依赖农业的经济因为发展不足无法支撑增长人口的需求，这种失衡会在某一点爆发而导致巨大灾害。此外在中国历史上每每发生的田产兼并、税负不均、乡绅阶层的逃避劳役等，都加剧了贫富分化和不平等，最终以农民革命的方式改朝换代，而激烈的改朝换代方式又会把辛苦积累下来的制度成果付诸东流。

大分流所提出的问题也恰恰是，在帝国的体制下，主要的朝代似乎都按照同一条路线发展，虽然不同朝代也都有改革和中兴的案例，比如北宋王安石和晚明张居正的变法，却总走不出王朝兴替的规律，也一直没有在制度层面出现**破坏式创新**。新技术的发展和使用，金融的创新，商业的发展乃至国家制度的创新方面，很长时间内处于停滞，也因此相对西欧渐渐落后，问题到底出在哪儿？

一种解释是在相对稳定的环境之中竞争不足会导致创新不足，且帝国统御实力水平的时涨时跌，帝国坍塌之后的鼎革变化也往往充满破坏性，也让在相对宽松期涌现出来的创新成果无法积累下来。

进一步分析推演则发现，积极的制度创新在帝国环境中不容易发展，尤其是那种在列国体制竞争中被逼出来的制度创新：地方自治、行会和崛起的商人权力的代表机制、各个层级旨在解决问题的协商机制；以及在大政方针，尤其是军事这样最花钱的领域，形成的

超越乌卡：不确定时代的长期主义思考

一系列讨价还价的游戏规则；让更多利益相关者参与讨论的议会机制，甚至演化出对政府的监督和制衡的机制。

一个反事实的讨论就是，如果崇祯皇帝在面临西北农民起义和东北的满族勃兴时，能够通过发行国债来筹措军费，如果大明朝有一个相对独立的商人阶层可以为国家提供融资，而不是在正常的土地税上增派辽饷，让贪腐的官僚机构再层层盘剥，极大增加老百姓的负担导致失去民心，以明朝的实力，很难想象会被几十万人的满洲铁骑灭亡。这当然也凸显了帝国的弱点：在没有变革和缺乏商业与金融制度发展的国家，貌似强大，但面临外部危机时的军事动员能力是极其有限的。

帝国的另一个软肋则是官僚体制。自上而下的官僚体制和管控，无助于地方的发展，而因为帝国幅员辽阔，各地情况又千差万别，对地方的控制又会有差异，这样就会产生各种矛盾。

帝国里最富庶的江南并没有因此而获得更大的发展空间，没能像英国或者荷兰那样存在小邦或者自治都市联合体，以推动商业的发展，促进商业阶层的崛起，保护商人的利益，反而被朝廷一而再再而三地盘剥，税赋之甚，最重于清朝，其次是晚明，只有在南宋时略好，因为南宋不需要供养遥远北方的朝廷。

帝国不愿意看到更多地方自治，也是因为它的统御术本质上是要维稳。而维稳首要一点就是要防止地方坐大，防止尾大不掉。而这样的帝国，被沙伊德尔称为"拱顶石"构建的国家。拱顶石让建筑牢不可破，却也挤压了任何变通和改良的空间，而且一旦拱顶石塌

01 形势篇：注定不平凡的20年代

陷，整个大厦都会倾颓。制度相互关联掣肘，却没有留下多少创新的空间。

帝国体制的弊端都是"蜀王好细腰，宫中多饿死"。英国著名历史学家吉本曾经如此论述罗马帝国之兴亡："诏令而虐，必有虐政；诏令而仁，上未必施行，下未必尊奉，则不保果有仁政。"苏辙也有过类似的说法："上有毫发之意，则下有邱山之取；上有滂沛之泽，则下有涓滴之施。"两人都在强调，老大帝国自上而下的治理存在巨大的信息不对称，官僚机构的不同层级都有巨大的自由裁量权，其结果必然是劣币驱逐良币：放大任何可能赚取私利的缝隙，而冠冕的公益则能敷衍就敷衍。

对比西欧和老大帝国过去500年的大分流，可以让我们更清晰地体认到熊彼特所言的"破坏式创新"推演到制度领域内也需要特别的土壤。竞争与制衡并非是从无到有的创造，历史地理的因素给了西欧大规模实验的机会，类似的历史机缘在中国的战国时期也曾经带来"百家争鸣"的局面。

但是，竞争所带来的更为广泛的参与，竞争所创造的更为广阔的试错空间，以及竞争在科技和思想领域内营造的"反对教条、挑战权威、实事求是"的精神，并不仅依赖历史地理的偶然。全球化的今天构建了更广泛的列国竞争的场域，科技与制度创新的比拼与开放多元互联互通的思想市场，恰好是这种竞争的一体两面。

02

创新篇:
科学、教育与变革

Possiblities do not add up. They multiply.

2018年诺奖经济学家保罗·罗默的这句话,很好诠释了技术推动带来的指数式发展,因为机会不再做加法,而是在做乘法。

疫情过后,科技加速迭代,创新推动变革,需要坚持科学的态度,需要国家制定强有力的科研政策,尤其加大对基础科研的投入,也需要创造激励机制,促使产学研一起追求创新的"无尽前沿",更需要商业推动应用创新。科学、创新、变革的基础是教育,尤其是适应未来剧变时代的教育,其核心不是功利心推动的零和游戏,而是好奇心推动的多样化发展。

科学态度，创新的基础

不难发现，2020年给这个世界带来了深刻变化。一方面，它让世界上业已存在的各种矛盾和不足更加凸显；另一方面，在应对疫情的过程中，许多国家，无论是发达国家，还是新兴市场，都有缺乏科学知识的政客发表一些极端的观点，而且还会有不少拥趸推波助澜。

当然，2020也带来了非常巨大的正面成果，那就是它展示了人类科学发展，尤其是生命科学研究领域的突飞猛进，疫情的压力被迅速转化成研制疫苗的动力，原本需要几年甚至十几年的工作，在短短一年之内就在多个国家十几个团队取得了突破。

恰恰是这种科学的胜利与反科学的喧嚣之间的矛盾，让人觉得需要重新认识赛先生。即使科学带来了如此巨大的突破，即使我们可以获得的信息和知识呈现出爆炸式的增长，但整个世界并没有变得更加理性，相反观念上更加两极分化，越来越缺乏对复杂问题的理性讨论，一言不合就怼回去成了常态。

社交媒体强化了这种极端和偏激，每个人都更容易构建自己的过滤泡，只接收自己认同的信息，每个人也更容易陷入到自己的回

超越乌卡:不确定时代的长期主义思考

音室之中,只与同类人为伍,听到同类人的声音。这是全部的原因吗:信息众多,但缺乏流动,每个圈层的人并不了解其他圈层的声音?但事实比我们想象得要复杂。

沃顿商学院教授亚当·格兰特(Adam Grant)在2020年新书 *Think Again*(《重新思考》)中提出,思想的两极分化与理性思考和讨论的不足,不仅仅因为社交媒体催生出越来越多的过滤泡和回音室,也因为社交媒体让操纵信息与讨论变得更加容易,让更多人成为舆论的操纵者。

他把舆论的操纵者分成三类。

第一类是布道者,他们对自己相信的毫不质疑,希望用虔诚的布道来影响感化别人,却从不会挑战自己的、在一些情况下错误的认知。第二类是控诉者,总是想在他人想法中找寻事实和逻辑的破绽,希望抓住把柄之后,批驳他人的观点,以扳倒他人为乐。第三类是西方的政客,或者说是短视的墙头草,根据选民的需求而审时度势,顺势而为,并不在意自己相信什么,或者政策的优劣对错——甚至可以假设他们中的大多数并没有多少坚持的想法——最重要的考量点是能否会得到选民的支持,赢得选战。

当然,还有第四类人,那就是赛先生,坚持科学方法的人,他们拥有真正面对复杂问题时应抱有的态度,即实事求是的态度。对任何问题,都会提出假设,做实验,验证或者证伪。在赛先生面前,没有什么想法和理论是不可以被证伪的,一旦事实否定了自己曾经抱持的想法,就需要重新思考,否定自己,从而不断去求真务实。

如何能从自以为站在道德优势地位上的说教,寻找有利于自我事实之下的控辩,以及闻风而动推波助澜的人云亦云中跳出,进入到赛先生的世界,是摆在许多人面前的挑战。在赛先生的世界中,需要开放的心态,需要做好很多实验的结果常常没有明确定论的准备,需要有能力挑战权威,保持质疑的精神,也需要在全新事实面前敢于否定自己曾经坚持的想法。只有在赛先生的世界中,才会发现世界的复杂,而只有理解世界的复杂,才会做好改变自己认知,坚持实事求是的准备。

厕所测验

信息爆炸的时代,会催生不少自认为无所不知的人。对这些人,可以让他们做一次"厕所测验"。

这个测验很简单,只有一个问题:你知道厕所的工作原理吗?相信很多人都会回答:这还不简单。可以接着问三个比较具体的问题:请描述一下家里的抽水马桶的工作原理?小区的下水道是怎么运作的?一个城市的下水道系统又是怎么运作的?大多数"无所不知的人"在这些具体的问题面前都会抓瞎。

厕所测试的目的并不是要挑衅,而是让每个人都能够清晰认识到自己的知识局限,让每个人都意识到,很多我们自以为知道的知识,其实中间有不少断层和断档,我们相信的东西很多时候经不起

超越乌卡:不确定时代的长期主义思考

推敲。1977年诺贝尔物理学奖得主菲利普·安德森就曾经说过:你永远不可能懂得所有事情,当一个人什么都懂的时候,他一定是疯了。

厕所测试也教会了我们在相互沟通时可以向"赛先生"学习的第一步:多问怎么做的问题,少问为什么要做的问题。比如盖茨在新书《气候经济与人类未来》中就采取了非常科学的态度,他并没有开宗明义强调我们为什么要应对气候变暖,因为这样就特别容易陷入与布道者和控诉者的口水战。在美国,否认气候变暖的人大有人在。他的选择,也是胡适所推崇的,是多研究一些问题,少谈些主义,首先给到底哪些是造成气候变暖的主要源头排个序,然后讨论怎么减排。

向赛先生学习的第二步是坚持质疑的精神。

社交媒体加速了信息的传播,也加剧了假新闻的危害。怎么在信息爆炸的时代仍然保持定力,不去人云亦云,也不被各种节奏带偏?一项很重要的能力就是质疑的精神。海明威曾经说过:一个作家最重要的禀赋是与生俱来的无法撼动的"狗屎检测器"。(The most essential gift for a good writer is a built-in, shock-proof shit detector.)

海明威的这句话其实讲了三层意思:我们对于信息不能照单全收,而是需要仔细辨别,有质疑和思辨的能力;我们不要因为信息来源于权威或者很受欢迎,就误认为它一定真实可靠,只要有足够的证据就可以质疑权威;我们也千万不能把信息的发布者误认为是信息的来源,需要有刨根问底,打破砂锅问到底的精神。

在新冠疫苗和气候变暖这两个问题上,美国仍然有不少人漠视事实,偏听偏信。德尔塔病毒肆虐时,美国的一些南部州大批居民因为不相信新冠疫苗而拒绝接种,导致变种病毒再次引发医疗挤兑;同样在全球气候变暖导致极端经济频发的事实面前,仍然有不少美国人抱守着"温室气体与气候变暖无关"的信念。这些都是缺乏质疑精神的例子。

敢于否定自己,才能成长

格兰特最崇拜的一名老师,每年都会重开一门新课。这么做的主要目的很简单:他不太希望年复一年教同一门课,课程可能包装得越来越华丽,里面的内容却早已陈旧。同时,每年教授一门新课也是给自己提出全新的挑战,更符合目前特别流行的教学相长理念。他希望不仅教授学生知识,也和学生分享自己探索知识的过程。

格兰特对自己也有一个要求,虽然每年在沃顿商学院教授同一门课,但是至少要扔掉20%的知识,迫使自己推陈出新。

这就引出了向赛先生学习的第三步:敢于否定自己。

在这个快速变化的世界,只有敢于否定自己,才能真正成长。承认犯错,在新的事实和研究面前改变观点,是终身学习的要义。

超越乌卡：不确定时代的长期主义思考

2002年诺贝尔经济学奖获得者丹尼尔·卡尼曼（Daniel Kahneman）有句名言——犯错是唯一我确定自己学到新东西的方式——点出了从错误中成长的要义。卡尼曼特别强调科学家需要拥抱"被证明错误的快乐"（Joy of being wrong），因为只有证明出前人理论的错误，科学才可能进一步发展。

贝索斯之所以能成为全球屈指可数的富豪，一个重要的原因是他知道每个人都有认知局限，要善于倾听，善于从别人那里汲取新观点和新想法。他曾经说过，那些花很多时间倾听的人做出正确选择的几率会更高，因为他们经常调整自己的想法，如果一个人经常固执己见，经常犯错的几率就比较高。

贝索斯的这句话也讲了两层意思。

首先是倾听的重要性，在知识加速迭代的世界，能够从他人，从专业人士，从其他领域内的牛人那里学到新东西很重要，而学到新东西就需要**淘汰旧思想**。思想的改变，也就是思想的新陈代谢，来自两方面的推手：一种是科技的进步带来全新的可能性；一种是新的研究和新的数据推翻了之前的判断和结论。

其次是改变的重要性，如果你不能因时而变，从善如流，那么你就可能屡屡犯错。变则通，在剧变的世界，唯有善于改变，才能成功。

从贝索斯的例子也可以引申到终身学习的两个层次。一个层次是不断去学习新东西，跟上技术的变化，不被时代所淘汰，始终保持好奇心，善于进入新领域；另一个层次是不断挑战自己的认知，没有执念,用科学方法来理解新事物和新观念,不断更新自己的认知。在外部环境发生剧烈变化,新知层出不穷的当下,理解终生学习的第一个层次——求新不难,难在抛弃旧知识和执念。外部环境变化给人最大的挑战是知识折旧的速度加快,只有敢于去旧,才能更好地求新。

科学不是为了追求圣杯

霍金是物理学界的明星人物。他最突出的成就是对黑洞的研究,他非常希望将量子计算与相对论统一成一套终极的物理理论。但是在他生命的最后30年,他变成了一个跨领域的评论家,一个话题的发起者和点评者,比如在2017年通用型人工智能是否可能在不远的将来取代人类议题上,他和盖茨是两个敲响警钟的人。尽管他的一些观点事后被证明是错误的,但并不妨碍霍金的观点被主流媒体推波助澜。

这一事件代表了一种商业对科学渗透之后的现象。它告诉我们,科学并不是超脱于俗世之外的净土,科学家也不能与科学思想画等号。自从1988年霍金的代表作《时间简史》成为现象级的科普读物,光英文原版就出售了一千万册之后,霍金就变成了一个符号:身残志坚不断探索科学圣杯的符号,而这一符号有着巨大的商业价值,霍金也很乐意扮演这一角色与商业共谋,获取巨大的商业利益,

超越乌卡:不确定时代的长期主义思考

因为仅是维持他的生命就需要耗费巨资。

但如果因为这一包装,就把霍金想象成为追寻科学终极理论圣杯的斗士,则是对科学的误读。科学精神并不是要追寻什么圣杯,也不是为了找到可以解释万事万物的理论,而是对真的不断求索和对问题的不断质疑。

可惜的是,过去 20 年,科学界的这种商业化变得日益激烈。

贯穿沃尔特·艾萨克森 2021 年新书 *The Code Break*(《密码破解者》)内容的,是基因编辑 CRISPR 技术的两大创造者杜德纳(Jeniffer Doudna)和华裔科学家麻省剑桥博德研究所(Broad Institute)的张锋之间的竞争。杜德纳使 CRISPR 可以用于基因编辑的发现,并在试管中完成了实验,但是没有在真核细胞和人类细胞中展开实验。当她的论文发表之后,各路科学家都意识到了谁第一个完成人类细胞的基因编辑实验,谁就有机会不仅获得名望,而且成为基因编辑商业化的受益者。张锋是第一个在人类细胞上尝试这项技术的科学家。

杜德纳和法国女科学家沙尔庞捷因为发现 CRISPR 而获得 2020 年诺贝尔化学奖,以诺贝尔奖通常会颁给三位科学家的惯例,张锋与诺奖失之交臂就更引发了更多讨论。这种纷争凸显了商业、投资、创业对科研的渗透带来的变化。

1952 年,当索尔克发明小儿麻痹症疫苗时,他根本没有想过去申请专利,因为这是造福人类的发明;20 世纪 70 年代,当转基因技术发明之后,科学家也并没有忙于创立公司,而是召开了第一次基因界的大会，讨论是否需要对改变生物基因构造的科研，即对人可能扮演"上帝"角色这一问题，设定边界和规则。

但CRISPR被发明之后，却引发了一系列关于专利权的争夺。硅谷文化对美国东西两岸学界的影响已经很深远，一旦出现好的发现，科学家想到的第一点就是创建公司，引入投资人，招募专业管理团队，找出赚钱的应用场景，甚至在他们撰写的论文最后，也都会对潜在的商业应用场景有前瞻式的描述。

新的成功算式变成了"基础科学研究＋专利律师＋风险投资＝独角兽"，科学家也成了风口上的弄潮儿。受到商业利益的影响，科学文化也发生了巨大的改变，越来越多重心被放在抢先成为发现第一人上。

这也意味着科学家之间的竞争日趋激烈，合作越来越难。

杜德纳团队与张锋团队之间的竞争，以及他们背后的两所院校之间在CRISPR领域内争取第一的竞争，以及之后的专利之争，最具代表性。很多竞争演化成为谁最先在权威期刊上发表，而且一旦一方风闻另一方有所突破之后，就会"不择手段"加速自己论文的发表。这种竞争的升级背后是名与利的推动，已经越来越与科学的精神背道而驰。

这种竞争的体制在最近十年愈演愈烈。大学也加入了名利的角逐之中，因为任何潜在的发明一旦被商用都可能带来巨大的收益。例如加州大学伯克利分校就规定：发明者可以影响研究成果未来如何被授权使用，而且可以享受三分之一的专利收入。

超越乌卡：不确定时代的长期主义思考

回归好奇心的世界！

幸运的是，疫情让科学家们意识到合作的重要性。利用CRISPR快速检验新冠病毒，利用基因编辑工具帮助人类对新冠和其他病毒产生免疫力，是基因编辑工具最基本的应用场景。无论是杜德纳还是张锋过去一年都忙于实验与开拓，也都在这一领域内有不少的创建。疫情的紧迫感让他们意识到彼此合作以及与其他跨领域的研究者开展合作更为重要，也让科学家的合作回归到了开源、协作、共享的道路上来。

疫情给科学界带来的最大礼物，是让科学家意识到他们职业的崇高之处，不在于谁是发现的第一人，谁靠发明赚取了第一桶金，而是求真务实的探索精神，是应用科研解决实际问题的能力。

科学发现的基础是**好奇心**，是相互协作，绝对不是金钱和名利的诱惑。科学也需要贯彻长期主义，科学发现是一代人又一代人前赴后继的成果。我们在记住那些"偶然"获得阶段性突破的名人的同时，千万不能忘记那些同样做出大量工作和贡献的同时代人。这一点杜德纳和张锋很清楚。确切地说，CRISPR不是他们两人中的任何一个发现的。CRISPR的发现源于许多名科学家的好奇心和偶然的运气。CRISPR究其根源，是细菌在防御病毒攻击中亿万年形成的一种复制编辑的手段，让细菌产生免疫力。

疫情也推动生物科学领域成为下一个新的研究边疆。

02 创新篇：科学、教育与变革

人类在过去100年，在三个领域实现了重大跨越。一个是物理学，在原子层面取得了突破，制造出了原子弹；一个是数字科学，令比特改变了世界；最新的一个则是基因科学，连接化学和生物，探索生命的奥秘，在DNA/RNA的层面解码生命科学。

数字世界的发展，主要基于三个层次的推动：创造与应用和商业化的巨大成功推动了计算机世界中的摩尔定律——即每两年算力翻番，成本减半；计算机走入家庭之后营造出了极客文化，乔布斯和盖茨都是极客文化的代表；计算机被普通人广泛应用之后带来了网络效应——我们现在每个人手中都有一台"超级电脑"（智能手机）。未来生物技术的发展也需要这几方面的发展：疫情已经让人们对CRISPR基因编辑的作用有更深的理解，尤其是依靠mRNA研制新疫苗带来的突破性；更多年轻人会对生物技术感兴趣，DIY的实验设备也会让更多年轻人着迷；而随着可穿戴以及生物技术与计算机模拟技术的融合，每个人都可能在家里对自己的身体状况做实验，网络效应推动了生物医学应用的大发展。

不过，制造mRNA疫苗的生化公司莫德纳（Moderna）的董事长阿法言（Noubar Afeyan）也指出，生物化学和互联网高科技企业有着本质的区别：与高科技企业平台化和寡头化不同，生物化学领域内的游戏规则不是赢家通吃，甚至不是简单比拼速度，科研相互之间依赖性更强，更需要协作共赢。

这恰恰是重新认识赛先生的关键点，科学精神是站在前人/巨人的肩膀上的不断求索，而疫情带给人类的最大启示是敢于跨越不同的领域！

超越乌卡：不确定时代的长期主义思考

科研与创新，追寻"无尽的前沿"

在 20 世纪 70 年代，美国西海岸的西雅图与南部新墨西哥州的阿尔伯克基，是从各种指数来衡量都不分伯仲的两个小城，甚至阿尔伯克基还更有潜能一些。阿尔伯克基有优越的天气，附近有著名的美国桑迪亚国家实验室。相比之下，西雅图虽然也以温凉的天气著称，有波音这样的大型企业，却已经濒临衰落，制造业和木材行业的没落让悲观者甚至在西雅图机场打出了巨幅广告，上面赫然写着："最后一个离开的，请记得关灯。"

阿尔伯克基的好运还在继续。1978 年，20 岁出头的比尔·盖茨和他的创业伙伴保罗·艾伦把一起创建的新公司微软设在了这里，而且他俩从计算机巨头 IBM 手中拿到了一笔大订单，为 IBM 的个人电脑设计操作系统。

好景不长，盖茨和保罗两人想家了，决定把公司搬回西雅图。一个城市的衰落与重生，往往在决定性的一两个人物的一念之间。20 年后，西雅图又迎来了另一位创业者，和妻子一起憧憬着用互联网颠覆整个图书行业的贝索斯，选择将西雅图作为亚马逊的创业地，其中一个很大原因是微软在这里，不愁找不到好的"码农"。

02　创新篇:科学、教育与变革

再后来的 20 年,西雅图发展为美国高科技版图中的一极,成为媲美加州硅谷的创业圣地,而阿尔伯克基却成为一座沉寂的小城。将两个城市的发展拉长到 40 年的尺度来衡量,西雅图平均收入增长了 37%,阿尔伯克基只增长了 7%,西雅图受过大学教育的人口比阿尔伯克基高 45%,之前两者的差距只有 5%。

西雅图与阿尔伯克基此起彼伏的双城故事,折射出从有形经济向无形经济的大转型中,创新与创业与城市乃至国家发展的命运息息相关,一个貌似偶然的因素竟然能够决定一座城市的命运。未来,无论是城市的竞争还是国家的博弈,都将取决于谁能走在下一波全球科技浪潮的前沿,谁能孕育出颠覆产业的大公司。

2021 年 5 月,美国参议院通过了《无尽前沿法》,法案本身就是在向二战期间领导美国科研工作的范内瓦·布什(Vannevar Bush)所提出的《科学——无尽的前沿》白皮书致敬,政府计划投资拨款超过 1000 亿美元,推动十个关键技术领域的研发。

如今,美国总统拜登希望推进的《无尽前沿法》把目光聚焦在未来科技的大博弈之上。科学和技术的突破,需要冒险和实验,高科技产业的发展,需要研发资金与人才的聚集。如何让国家科技创新政策更好地发挥作用,需要回答以下三个核心问题:政府在推动科研发展中需要扮演什么角色?政府投资科学与私营企业的边界该如何界定?如何让未来创新的收益变得更均衡?

具体而言,即在洲际大经济体的语境中,如何让没落制造业的锈带,那些曾经是资本和劳动力的聚集地,重新焕发生机?如何成

超越乌卡：不确定时代的长期主义思考

功推动制造业城市的转型？

科学的溢出效应

外部的竞争压力与国防的需求是美国前总统布什在二战期间所开创的美国国家推动科学发展模式的两个主要背后推手。以举国之力研究核武器的曼哈顿计划一开始是与纳粹德国赛跑，NASA和登月的阿波罗计划，以及里根时代的星球大战计划，则是明确以苏联为假想敌。

军事是高科技应用的前沿，而军事领域的高科技创新在二战之后产生了巨大的衍生效应。以二战期间最主要的军事创新雷达为例，它的衍生品几乎涵盖了太空观测、医疗检测、民用的微波炉、广电等各个领域。科研的溢出效应特别明显。

同样，NASA在航天领域中的开创式研究对航空业和计算机等各个领域的发展都有所贡献。为了确保阿波罗计划登月舱上的小型计算机能够存储并实时进行数据处理，NASA推动了"软件"的开发。NASA围绕宇航员的工作和生活开发的一系列产品和服务也很快商业化。比如NASA协同开发了橙味饮料果珍、特氟龙瓶和威扣餐盒等流行文化必需品，至少有2000种产品或服务在其帮助下进入开发和实现商业化。

军转民的另一重要贡献则是私人企业在军方项目的支持下在

02 创新篇：科学、教育与变革

所属科技领域内获得巨大发展，而这些技术一旦被民用，应用空间将更为广泛。美国计算机公司IBM的成长就是很好的例子。在20世纪50年代，IBM一半以上的国内电子数据处理收入来自两个项目：B-52轰炸机和防空制导计算机。1965年，IBM将半自动地面防空系统的工作经验转而应用于半自动商业研究环境中，成功推出了首个商业实时交易处理系统。

科技的溢出效益不仅局限于高科技本身，应用和推广新技术所涌现出的新的组织方式也会让私营企业大为受益。在推进阿波罗计划过程中，NASA总结出了一套把大型复杂问题分割成小模块来处理的管理模式。这一模式之后被波音借鉴，用在研发第一架巨无霸客机波音747上。

日本在20世纪七八十年代崛起，有可能挑战美国在全球的经济老大的地位，这让美国把与日本竞争放在了第一位，于1980年推出"20世纪90年代从微电子到人工智能的超级计算防御计划"，竞争对手就是推动产业政策和打造国家冠军企业的日本通产省。当时日本消费电子产业有席卷全球之势，美国的政策制定者把创新政策的核心聚焦在未来计算机能力的发展上。根据战略防御计划推出的战略计算项目，利用了尖端的计算能力来应对更常规的国防挑战，最初项目包括自动驾驶汽车、用于战斗机的计算机自动驾驶仪以及协助进行战场决策的AI软件，其前瞻性令人惊叹。

从20世纪80年代到90年代中期，美国针对计算机科学研究领域的联邦拨款增长了三倍以上，每年流入学术实验室的资金接近10

亿美元。美国国防部是超级计算、芯片设计和人工智能方面前沿研究的最大资助者。政府对计算机科学的资助为互联网时代搜索、社交引擎、云计算方面的发展构筑了创新温床。

让政府投资具备前瞻性，同时推动国防优先的创新在更广泛民用领域内产生衍生效应，孕育出下一代具有颠覆力的私营大企业，是美国二战后政府推动创新的一大特点。

警惕官僚主义，弘扬科学的冒险精神

布什虽然推动了举国体制的曼哈顿项目和NASA（NASA在极盛时期预算占美国政府预算的4%），但真正被后人称道的却是他一手推动了在1958年成立的国防部高级研究计划局（DARPA）。《硅谷密码》(The Code)一书中把DARPA誉为美国的通产省，美国过去50年涌现出的一系列重大技术突破——从最新的mRNA疫苗，到气象卫星、GPS、无人机、隐形技术、语音接口、个人计算机和互联网，都与DARPA有着千丝万缕的关系。

与日本通产省推动国家冠军的产业发展模式不同，DARPA的发展模式强调在科研领域推动实验和冒风险的创新机制，而不是官僚体系内常见的四平八稳，避免科学家花费过多精力耗费在申请科研经费上。

比如，在20年前，后来创建了制药公司Moderna的干细胞生物学家德里克·罗西申请RNA的研究,只花了半小时就能从DARPA申请到一千万美元的研究经费。如果没有在RNA领域内长时间的研究,尤其是对如何成功将RNA导入细胞的载体研究,就不可能有2020年mRNA新冠疫苗的快速研发成功。

DARPA的宗旨就是要打破官僚主义的繁文缛节,希望像VC一样对高风险高收益的技术下注。它更加注重潜在回报率高和风险更大的项目。一位DARPA的管理者曾经说:"如果我们的项目都没有失败,必定是因为我们拓展不足。"

目前,各国都希望复制DAPRA推动创新的模式,因为它们都意识到科研,尤其是基础的科研,需要国家加强投入。但国家投资也有明显的弊端,让官僚来审核科研项目,有可能陷入规避风险的墨守成规和追求安全的大规模相互抄袭中,什么火就一窝蜂上马,冷门但有潜力的项目无人问津。

国家投资的另一大盲点是,它能够解决狭隘的领域内的特定问题,也可以做到快速地弯道超车,却很难解决未来未知的复杂问题。这是为什么苏联能很快发展核武器,并且在航天领域一度后来居上,却无法真正在开创性创新领域与美国争锋。

国家投资可以集中巨量资源,吸引大量人才努力工作,但科研的突破和创新却无法规划,它极度依赖科学家的自主性,依靠不断地实验和尝试,强调用与众不同的方式思考,挑战既有的知识体系,打破成规,经历失败,直到得到运气之神的眷顾,偶尔碰到成功。

以现在最火的基因编辑工具CRISPR为例,其发现离不开名不见经传的科学家对微生物世界的好奇,科学家在对地热环境中的细菌偶然做的DNA排序中发现了包含攻击它的病毒的基因碎片,引发出对细菌剪切病毒基因碎片机制的思考。基础科学想要取得突破,依赖的是好奇心和好运气。科学也需要贯彻长期主义、全球视野和协作精神,取得突破是全球一代又一代科学家前赴后继的成果。

计划所无法达成的,恰恰是以实验、冒险和打破成规为基础的这种创新。如果不能真正复制实验中不受控制的紊乱的发展,挑战权威,创新仍然会遥不可及。这也是为什么为曼哈顿计划服务的科学家们即使在拉斯阿莫斯实验基地隐居,也不受标准军事纪律的约束。创新需要给发明者创造性的空间。

创新的没落与重生

美国纽约州的罗彻斯特是另一个城市没落的样本。这个有着两百年历史的老城曾经在1820年连接五大湖区和纽约的伊利运河通航之后的繁荣,被称之为面粉之城(Flour Town),因为它作为运河上的节点,恰好可以把从中西部运来的小麦加工成面粉然后在东部销售(类似中国京杭大运河上的物资交汇点)。

几十年后,城市更新为花卉之城(Flower Town),因为在当地创建的胶卷公司柯达的崛起。1888年,柯达第一次面向消费者推出配有胶卷的相机,推动了相机与胶卷在普通消费者中的普及。因为柯达公司而致富的中产员工点缀出各色花园,把罗彻斯特变成了一座花园城市。

讲述罗彻斯特的故事,不仅因为它是美国的公司城——即因为一家大型公司的建立和发展而发展的城市——的代表,也是创新没落的样本。柯达每每被诟病为不再能持续创新的反面典型,开创的胶卷业务因为数码相机的普及而被彻底颠覆,尽管柯达的工程师最早发明了数码照相。

柯达公司塑造了罗彻斯特,为当地创建了罗彻斯特大学,建立了优良的医院系统,修建了博物馆。而柯达的破产,也让罗彻斯特沉沦。这样的城市该如何复兴呢?

首先得依赖柯达的复苏。柯达可谓是"百足之虫,死而不僵"。作为有着品牌积淀和研发经验的大公司,柯达尽管曾经破产,但仍然保持了研发的基因,在许多大众看不到的领域仍在持续创造新的专利,比如它 2020 年申请了有关油墨新材料和纳米复合材料的专利,在 2018 数字货币火爆的时代,又率先尝试发行柯达币,着实火了一阵子。

罗切斯特人还需要对柯达的重启调整期待值。柯达或许未来能成为一家制药公司,为制药业生产添加剂,在疫情下的全新生化产业大发展的机遇和美国制药供应链重塑的机会下谋求发展,这其实与它作为化学公司的前身是一脉相承的。

其次,罗彻斯特的复兴可以依赖当地的大学和优厚的基础设施。罗彻斯特大学仍然拥有不少全美领先的专业,优良的医院系统,便宜的房价,这些都是吸引人才的亮点。但公司城的没落给当地社区和基础教育带来的冲击仍然存在。柯达衰落的直接影响是白领社区的没落,继而导致当地公立中学教学质量下滑,毕业率排名在全美垫底,很难为大学和技术学校提供优秀的人才。

复兴变成了商业与社会联动的"鸡跟蛋"的问题,因为商业没落导致的整个社会的失序,很难在短期解决,但全新的发展模式又需要为公司城提供新的动能,其中关键点是吸引知识工作者。但要让更多企业有兴趣在没落的公司城投资,首先需要证明这里宜居、有足够的人才储备、也有足够的发展人才的潜力。

美国制造业的没落其实早在1968年就开始了。在那一年之后,美国政府对基础科研的投资减弱,产学研日益转向两岸集中的大学园区,而曾经的制造业基地中西部则空洞化为锈带。

2021年出版的新书《美国创新简史》(*Jump-Starting America*)在一个更广阔的角度记录了美国制造业衰落所引发的都市圈的"此起彼伏"的兴起,这本书的后半部分基本上是一份复兴美国锈带和让美国创新能够更平均分布的白皮书,也可以算是拜登政府《无尽前沿法》的先声。1980年的美国仍然是制造业大国,当时包括底特律在内的密歇根州的五个都市区占据了全国人均收入前十都市圈的五大位置——密歇根州是美国三大汽车厂的生产基地。到了2019年,美国变成了极端分化的大国,人均收入最高的十大都市圈中九个分布在东西海岸。

美国东西海岸与中部地区的巨大差距,让美国有机会重新推动更平均的创新和创业。以教育基础设施的分布来看,许多地区具备创新潜力,尤其是那些房价相对便宜,生活成本相对较低的城市,罗彻斯特就是一个案例。《美国创新简史》还把2018年亚马逊第二总部的"选址秀"当作鼓励创新更平均的优秀案例。

可惜,亚马逊的公开"选美"虽然得到了北美120多个城市参与竞标,热闹非凡,最终却选择了并不缺乏创新与创业机会的纽约,又因为纽约居民反对给亚马逊开出的天价税收优惠而演化成一场公关危机,草草收尾。

从推动经济发展的角度来讲,选择非两岸和大湖区的大城市建立第二总部,对于美国经济和亚马逊而言都是双赢。但这场"选美"成为闹剧,是因为贝索斯把选择第二总部的条件又重新调回到哪个城市具备足够的人才储备上。这时,大而恒大的马太效应就再次体现,让试图推动美国经济平衡发展的人大跌眼镜。

鸡跟蛋的逻辑谁都懂。创新和创意的潜力必须借由大公司为触媒来发掘,便宜而宜居且有着人才潜力的都市圈,会因为亚马逊的到来而在未来成为知识工作者集聚的地区;而以亚马逊这样平台型企业的体量,围绕着大公司也会逐渐衍生出全新创新和创业的生态。

不过这一切都需要亚马逊愿意去冒险。想让未来的投资"浮起所有的船,而不只是快艇"并不容易,已经成为"庞然大物"的大公司为什么要去做冒险的播种者呢?政府与企业的创新合作点,恐怕恰好落在这一夹缝中。

超越乌卡：不确定时代的长期主义思考

私人航天新纪元,商业推动应用创新

20世纪第一个十年,马斯克与贝索斯私下里见了两次面。

两位过去20年最具创新力的企业家商业上的交集并不多,两次见面都是为了探讨私人航天。亚马逊老板贝索斯在2000年秘密创建了名为"蓝色起源"的私人航天公司,为了圆太空梦,每年自己掏腰包一亿美元。马斯克两年后创建了SpaceX,一个和特斯拉一样雄心勃勃的企业,希望颠覆商业航天,用可回收的火箭将航天发射的费用至少减掉一个零。

俩人的见面很友好。据马斯克回忆,一次见面他和贝索斯就一个技术问题争吵了起来,贝索斯认为燃料中添加双氧水是好主意,因为他当时依仗的火箭专家认为双氧水的抗冻性很好,还可以适配现成的增压泵。马斯克则认为添加双氧水并不是好主意,因为一旦暴露在阳光下,双氧水很快就会分解。

俩人到底就哪些技术的细节争吵并不重要。尽管在公众的印象中一个对外张扬,另一个十分内敛,但他们本质上是一类人:对技术细节的关注和掌握,体现了他们所希望创建公司的基调。马斯克曾经约了一帮朋友去喝酒,结果却一个人在酒吧里捧着一本布满灰尘的苏联火箭手册看得入迷,如果当时他约的是贝索斯,一定能找到知音。

2011年,维珍的老板布兰森爵士也因为私人航天与马斯克约过一顿饭。2009年SpaceX首次成功完成商业卫星发射,而布兰森投资的太空旅游公司维珍银河却迟迟无法选定使用什么样的火箭发动机。布兰森请马斯克吃饭很直接,探讨向SpaceX采购从火箭发动机到燃料舱、阀门和电池等整套发射技术的可能性,希望与马斯克一起创造历史。马斯克对此并不感冒。为什么要帮助一个竞争对手呢?而且是一个不那么"靠谱"的竞争对手?饭局之后,合作没有下文。

尽管如此,布兰森与马斯克也有共通点:他们都看到了商业航天中的巨大商机。布兰森希望维珍银河建设的Space Ship Two(飞船二号)是一台便宜但经久耐用的雪佛兰,未来可以执行每周一次上天的任务,却不需要奔驰那样昂贵。马斯克也曾经说过类似的比喻:"每次发射都用法拉利太浪费了,这原本就是一台本田雅阁可以做到的事。"

在这三家私人航天公司中,SpaceX可以说一路领跑,成功发射超过100次,并成为美国宇航员飞向国际空间站的飞船提供商。但如果以三位商人谁先实现航天梦想来衡量,要数布兰森最为超前,2021年7月,布兰森成为私人航天旅行的第一"素人"。

马斯克对此或许并不在意,因为他更看重环绕地球乃至环绕月球的旅行。但,作为第一位乘坐私人航天器进入太空的人,哪怕只是贴近距离地面100公里区分大气层与太空的卡门线,仍然具有划时代的意义。这种激烈的私人太空竞争也将有望推动全球航天产业年收入在2030年翻番至8000亿美元。

三类商人,一路竞争

如果用一句话来概括私人航天领域内的三人竞争,可以说是马斯克的精明、贝索斯的拙,再加上布兰森的牛皮。他们三人代表了三种独特的企业家类型,三家公司也因为独特的融资架构,拓展了三种私人航天发展的可能性。

世人最熟悉的莫过于马斯克,无论是电动车、自动驾驶、私人航天、还是脑机接口、比特币,马斯克都玩得风生水起,既打造了受人膜拜的个人形象,又创建了庞大的企业王国,甚至可以被称之为"注意力商人"。

在太空探索领域,马斯克也利用自己吸引的"注意力"和扎扎实实的开发工作,成为当仁不让的领先者。马斯克为SpeceX的创建提供了种子资金,随后与波音和洛克希德等既有的火箭商竞争,扮演搅局者和挑战者的角色,用可回收火箭大幅降低成本,在商用卫星发射、NASA航天项目和军方项目中分到一杯羹。

显然,在三家私人航天公司中,SpaceX是最成功的。它也已经成为美国航天局NASA的主要供应商,提供宇航员和物资往返太空的服务。2021年5月,SpaceX正在修建的"星舰"原型火箭完成了升空测试,抵达10公里高度后成功着陆。星舰火箭也是过去50年来人类设计的最大火箭。因为成功,SpaceX也不断做大估值,持续吸引投资,2021年10月的估值达到2000亿美元。

马斯克当然也是最能讲故事的人。他的航天梦想,不只限于提供更便宜的火箭发射。他梦想用低成本火箭在火星上建立"殖民地",让人类实现"跨行星的星际文明",他个人也希望成为持"单程票"移民火星的地球人的一员。

相比之下,蓝色起源比它的老板贝索斯还要低调。作为创建最早的一家私人航天企业,为什么在与SpaceX的竞争中反而落得下风,很大程度上与贝索斯的管理哲学有关。作为贝索斯的私人投资项目,蓝色起源并不是外人想象的那样可以无止尽地花钱。相反,贝索斯在两方面的失误导致蓝色起源的发展不尽如人意。

首先,贝索斯并没有给予蓝色起源足够的资源,他甚至一度希望公司保持一百人以内的规模,因为他坚持有压力才有动力,有约束更能促进创新。显然,在和SpaceX的比拼上,蓝色起源很长时间内能动用的资源一直占下风。事实证明,私人航天的确是一个非常耗钱的项目,每年一亿美元的预算都不够。

其次,他一开始用软件的思维来制造硬件,让蓝色起源走了不少弯路。制造可重复使用的火箭,降低发射成本来加速太空探索,这一点贝索斯与马斯克的思路相同。但贝索斯在创业早期强调在火箭开发上套用软件开发的方式,每六个月就迭代一次,采纳新想

超越乌卡:不确定时代的长期主义思考

法。问题是,软件开发可以包容缺陷(bug)的存在,但在火箭开发中,任何的小失误都可能是致命的,不断迭代,结果却变成了为了确保发射成功而花更多时间测试和调整,反而拖慢了开发的进度。

对此,贝索斯并不认错。他觉得蓝色起源与 SpaceX 的最大区别其实是龟兔赛跑,自己的暂时落后,只是因为对遥远地平线上的目标更加专注,而不是加入到短期商业和政府发射项目的争夺之中。蓝色起源座右铭是 Gradatim Ferociter(拉丁语,意为"步步为营,勇往直前")。当然,也只有首富的资金才能保证步步为营。

不过,贝索斯的确需要一次载人航天的成功为蓝色起源正名。

布兰森创建的维珍银河算是异类,技术上与前两者完全不是一个戏路,商业模式也只专注于太空旅游。布兰森和前两位技术控不同,他是个彻头彻尾的秀客,擅长的是包装概念,几十年来一直为自己打造嬉皮士加海盗企业家的形象。维珍集团所经营的企业,涵盖航空、酒店、游轮等各种传统企业,为固步自封的传统行业注入全新活力是布兰森最擅长的事情。他之所以创建维珍银河,也是看中了从空中发射飞船做"太空一日游"的机会。布兰森认为,未来愿意花钱挣脱地球引力,在外太空一日游的富人,会像豪华游轮的生意一样兴旺。

自从创建维珍银河伊始,超前营销就成了布兰森的招牌。早在2008 年,维珍银河甚至还没有制造出一台经过任何实验的飞船,布兰森就开始以 20 万美元一个座位的价格兜售太空一日游的门票。"如果你是一个乐观主义者,即使你的承诺无法兑现,你身边的人也会努力赶上并且帮助你实现。"布兰森如是说。

维珍银河给了布兰森更多作秀的机会,不管他多么高弹阔论——比如2019年他就夸口说维珍银河到2022年可以每年运送1000名旅客太空一日游——只要媒体不断去渲染他的牛皮,他就能获得免费曝光的机会。当然,迄今为止六百多位预支了旅费的用户在等待中也并没有吃亏,因为他们常常能享受到布兰森召开的盛大派对。布兰森经常在自己的私人小岛上宴请这些客户,也为维珍银河取得的每一次突破在位于美国犹他州莫哈韦沙漠的总部狂欢。

不过尽管有布兰森的牛皮,维珍银河与蓝色起源或者SpaceX还是不能比。蓝色起源背后有全球首富贝索斯深不见底的钱袋子支撑。SpaceX背后除了马斯克的光环之外,还有NASA每年十几亿美元预算的投入。相比之下,维珍银河更像百万富翁的一时冲动,所以经费上捉襟见肘也就很正常了。过去几年,它几次濒临破产。

2020年,维珍银河在再次濒临破产之际,被华尔街的一项创新所拯救,借助特殊目的收购公司(SPAC)反向借壳上市,依靠融资解了燃眉之急。布兰森又成了金融创新第一个吃螃蟹的人。

拯救他的是因为Clubhouse一炮打红的南亚裔风险投资家查马斯·帕里哈皮蒂亚。早年,查马斯是脸书推动增长的负责人,当年就因为寻求新的颠覆式增长而不循规蹈矩而出名。查马斯偶遇布兰森之后一拍即合,外人评价两人是"臭味相投"。维珍银河与查马斯的SPAC合并,获得了查马斯预先融得的6.74亿美元的资金,又另外从查马斯那里获得了 1 亿美元的投资,以 22 亿美元的估值上市。

SPAC 在华尔街的崛起,代表了眼球经济对金融业的渗透,查马斯在此后一再扮演了高风险企业估值的鼓吹者,而布兰森的牛皮在帮助维珍银河反向上市过程中也起了大作用。

有了稳定的融资,维珍银河终于等来了久违的突破,在 2021 年 5 月的第三个周末,飞船二号成功飞天到距离地球 85 公里的高空,距离国际上认定的卡门线只有咫尺之遥,然后安全返回,在犹太州沙漠上的维珍基地跑道上安全着陆。

终于有了经过测试的飞船,布兰森怎么会错过如此重要作秀的机会?

三分钟,28 亿美元

与天生秀客马斯克和布兰森不同,贝索斯曾经是一个 20 年兢兢业业勤于工作的超级产品经理。可是过去两年贝索斯的变化可谓"脱胎换骨",不仅练就了一身腹肌,为了好莱坞的"花蝴蝶"而与结发二十多年的妻子离婚,还成了各种走秀场的常客。从近乎非人自律的超级产品经理,变身为放飞自我、向往太空探险的"梦享家",这是他宣布 2021 年 7 月初卸任亚马逊 CEO 后给自己的定位。亲自参与太空探险,成了他的首富"梦享家"宣言。

02 创新篇：科学、教育与变革

贝索斯曾经回忆，小时候的每年夏天，他都会在外公在德州的牧场上度过。外公从来不求人，牧场上工具坏了自己修，牛病了自己治，甚至自己动手阉割小牛。耳濡目染下，贝索斯从小练就了自己动手的能力。外公经常带他去小镇的图书馆，图书馆里有各种科幻小说藏书，贝索斯每年夏天都会读上十几本，这让他对创新和发明着了迷。五岁的时候，阿波罗11号发射，电视机前的贝索斯看到了阿姆斯特朗第一次踏上月球的壮举。像他那一代人一样，这在他心里种下了探索的种子，让他在成为亿万富翁之后，把太空探索作为自己的志向。

2018年，贝索斯在接受采访时曾表示，自己投资的蓝色起源是一项为了全人类的慈善事业。"我追求太空探险，是因为我相信，如果不这么做的话，人类文明将陷入停滞。"贝索斯的这一番话，巧妙的把他个人的太空冒险与亚马逊公司的企业文化结合了起来。在亚马逊，贝索斯一直倡导"第一天"的文化，也就是把每一天都当作创业的第一天。贝索斯和马斯克有着同样宏伟的抱负，希望不久的将来会有几百万人在太阳系内的各种太空站上生活。

布兰森对于太空旅行的认知却与宇宙探索不搭。他认为飞天与登临珠穆朗玛峰一样，并不是寻求逃避，而是一种追求人性真谛和人生意义的冒险。"当人们去到太空之后，他们会重新充满热忱地去解决地球上的各种问题。"

的确，很多宇航员返回地球之后都会分享在太空之旅中体验到的"总观效应"（overview effect），会将地球作为一个整体来认知，不

超越乌卡:不确定时代的长期主义思考

再有种族和国家边界的区隔。在太空之上,看到地球大气层边缘的弧线,眺望星空,体验真实失重的感觉,是否也会给太空一日游的旅客留下同样的印象?

只是,计划中的这两次太空之旅时间都很短暂。

蓝色起源研发的"新谢泼德号"完全属于自动驾驶,从火箭垂直起飞到太空船依赖降落伞返回地球,总共历时11分钟,火箭也会同时垂直降落回收。飞船上拥有太空中最大的窗户,还有蓝色的边框,乘客在跨越卡门线的那三分钟高空失重漂浮时可以抓住它。与贝索斯一同飞天的除了他的弟弟马克,还有82岁的女性准宇航员沃利·芬克(Wally Funk)。

芬克是1961年训练女宇航员飞天的水星13号成员,却因为训练中途取消而一直没能圆梦太空。有意思的是,她曾经给维珍银河支付了20万美元的定金,却因为维珍的航期一拖再拖而耐不住了性子。芬克也成为飞向太空年纪最大的人,超过了约翰·格伦1998年创下的77岁乘坐发现号航天飞机飞天的高龄记录,也算是报了格伦的一箭之仇。当年恰恰因为美国第三位遨游太空的太空人格伦从中作梗,水星13号项目才中途夭折。格林当时宣称送女性上太空会搅乱社会秩序。

蓝色起源的此次发射还有一个竞拍席位,最终被一名匿名富豪以2800万美元的高价拍得。按照三分钟的失重体验时间来计算,每分钟的体验费用超过900万美元,这也让人慨叹:真的值得吗?

布兰森对"新谢泼德号"直上直下的体验就颇有微词,认为那是只有动作却缺乏前戏。相反,维珍银河的体验更像是太空旅行。首先飞船二号由母机携带起飞,在15000米高空释放后火箭发动机启动60秒助推,以J形轨迹向上爬升,抵达卡门线附近之后体验短暂的失重感受,最后再盘旋滑翔降落。大约一小时的旅程全程由两位飞行员操控。

对比蓝色起源和维珍银河开启的商业太空旅游,SpaceX也不会落后多少。它在9月15日将四名游客送上太空,开展了为期三天的环绕地球之旅。相较于蓝色起源与维珍银河几分钟的亚轨道之旅,SpaceX的尝试可能更贴近大多数人对航天的想象。此外,它的超大功率火箭星舰也蓄势待发,日本时尚大亨前泽友作已经为一艘星舰支付了定金,计划最早于2023年和一群艺术家一起绕月飞行。

2021年的这个7月,在距离地面397公里的国际空间站或距离地面400到450公里的中国空间站上俯瞰地球,可以瞥见这群"梦享家"的精彩瞬间,未来的太空也将会繁忙得多。

超越乌卡:不确定时代的长期主义思考

斯坦福,"发财大学"的产学研之路

斯坦福第十任校长约翰·汉尼斯(John Henessy)身上贴有不少标签:年轻的教授,创业有成的创业家,47岁起担任斯坦福校长,一任就是16年,还兼任谷歌的董事,是硅谷发展的重要见证者。他在新书《要领:斯坦福校长领导十得》(简称《要领》)总结了自己在全球最知名学府校长任上积累的十大领导经验。虽然大学与企业有显著的不同,但管理大机构的思路又有相通之处,而作为智识资产密集、知识人才扎堆的大学,汉尼斯对其的总结对从管理有形资产向无形资产转型的企业管理者而言,也颇具借鉴性。

《要领》中强调,一个大机构的领导者一定要有跨界的学养和待人接物的练达。前者在管理智识资产密集的机构中确实特别重要,因为每天都需要参与跨越不同学科的讨论,只有保持对各种不同领域内新发展的好奇心和持续学习的能力,才能从宏观的角度为大学的发展把握方向;后者则是所有领导者的必备技能:管理团队、激励人、授权放手,这些虽然听起来是老生常谈,却是任何一位务实的管理者必备的,但汉尼斯的总结从培养谦逊的品格和成就他人的目标出发,令人耳目一新。

02 创新篇：科学、教育与变革

大学的长期视角和探索"大问题"的目标

在担任校长的第一天，汉尼斯就开始思考自己会为斯坦福留下什么样的遗产，这并非因为他自大，而是跟大学尤其是名校的发展目标和价值观息息相关：大学的校长需要有比企业 CEO 更长远的视角，衡量他们成功与否的标杆不是学校一个季度甚至一个年度的收入增长，而是大学品牌的知名度、学术研究的排名，以及在家长学生心目中的认知度，而这些都需要长期的积累和持续的努力。

斯坦福作为在过去半个多世纪飞速成长，持续成为全美排名前五的名校，依赖一系列学术领域突破性的发展。它曾经创建了全美最大的原子对撞机，产生了一大批基础学科领域的诺贝尔奖得主，这些拥有战略意义的"大赌注"帮助斯坦福奠定了学术研究排头兵的地位。

汉尼斯很清楚，自己的挑战是怎么让斯坦福成为经久不衰的百年老店，能够在未来 50 年持续保持领先地位。具体而言，他需要思考在哪些科研领域发力并取得突破能够让斯坦福持续保持学术上的引领，并据此为取得这些突破积累人才和资金，为发展奠定物质基础。从这一思路去梳理汉尼斯担任校长的经历不难发现，时刻思考大学的核心价值，思考自己如何为大学的未来添砖加瓦，这是他的贡献，也是有雄心的管理者所必备的眼光。

超越乌卡：不确定时代的长期主义思考

推动转型的企业 CEO 也需要思考自己将留下什么遗产，而这种遗产会越来越与企业未来将要突破的方向，以及企业积累的品牌，甚至企业持续吸引优秀人才的能力，有着紧密的联系。企业家具备了这样的眼光，才能保障企业在快速变化的世界中"基业长青"。

大学的学术取向与企业的研发取向，有着截然不同的价值判断。大学希望看到更多革命性的发现，而企业更关注渐进的小步迭代。恰恰因为取向不同，大学与企业对于创新，甚至对于该如何拥抱风险，也有着本质的区别。用企业家的思路办大学，或者校长的思路办企业，都是找死。因为，从风险管理的角度来看，企业对管理风险的未来时间窗口比较短，而大学中最应该鼓励的文化恰恰是追问大问题的文化和长远眼光。

汉尼斯强调，大学需要创造一种"奢侈"的自由空间，让教授可以"漫无目标"地去探究问题，而不去担心这样的追问会带来什么结果，或者给成果的产出加上人为的期限。衡量教授成果的唯一标准是学术上的进步和科研上的突破，市场因素基本可以忽略不计。

必须承认，很多重大的科学发现都是出于偶然，大学的首要目标，就是要让这种偶然变得更经常。恰恰因为大学与企业在目标上有着明显的不同，汉尼斯的管理经验有助于企业的管理者从企业价值目标出发，形成长线思维。

产学研的发展思路是必须坚持科技优先，市场化是试金石

虽然大学的第一要义是科研，但是如何让更多科研转化为商用也应该是大学需要去推动的目标。象牙塔当然美好，但如果能够有更多产学研的一体化，不仅可以帮助大学积累更多支持未来探索性科研的资金——大学通常在科研产业化过程中可以分享一定的收益，也能给富有企业家精神的研究者以更多的激励，给大学带来多元化的活力。

斯坦福就有着"发财大学"的"美誉"，是美国鼓励创新和创业做得最好的大学之一，可以说，硅谷的繁荣离不开斯坦福对科研商用的开放心态和推动，许多人到斯坦福都会探访当年惠普两位创始人的实验室，或者重寻谷歌两位在线搜索发明家的足迹。

汉尼斯本人就有着成功的创业经验。在成为斯坦福工程学院院长之前，他和后来创建网景公司的吉姆·克拉克(Jim Clark)一起创建了新一代架构的电脑芯片公司MIPS(每秒百万条指令)。创业让汉尼斯能够把自己对如何改进个人电脑芯片的学术研究付诸实践，也让他深刻体会到创业的不易。当然他创业的成功也推动了RISC芯片架构的普及，助力个人电脑的大发展。

对于当下硅谷普遍存在的浮躁与挣快钱心理，汉尼斯以自己的

超越乌卡：不确定时代的长期主义思考

经历现身说法，强调创业者不能因为创业流行就为创业而创业，如果创业动机不纯，其实很难获得成功。他认为，创业者应该首先已拥有了原创的技术，并且有将技术市场化的冲动，然后才去创业。一大反例就是《坏血：一个硅谷巨头的秘密与谎言》一书中所描述的希拉洛斯(Theranos)公司创始人霍姆斯(也是斯坦福的辍学生)，因为执着于一种想法——用一滴血就能进行各种医疗检测，然后再倒推去找技术，当技术无法实现的时候用造假来掩护，最终制造了硅谷历史上最大的造假丑闻。

大学需要做好的是让学术与商业更好地融合和共生，平衡好创新与执行，创新与实证，创新与实用的关系。将开创性的想法付诸实践的过程需要跨界者来推动，而大学的校长恰恰扮演这一重要的角色。

科技创业者必须接受走出象牙塔的历练，科技转化为产品也必须接受市场的检验。只有在推向市场的过程中才能让创业者理解将新科技变成使用产品需要解决各种细节问题，因为只有接受市场检验的产品才是有前景的产品；也只有在创业实践的过程中学会解决复杂问题所必须做出的各种权衡和取舍，才能让科学家意识到，在市场化流程中这些决策所带来的结果，和开创性研究所带来的突破一样重要。

汉尼斯很清醒，大学需要做的是创造条件，让大学能够在开创性研究上走得更远，同时又能营造氛围，让教授创业变得更容易，为开创性的技术找到应用。研究机构与商业机构也依据这一原则可以更明确地分工与融合。

连接资金、科研和教学的平台

领导一座美国的著名学府的一些特别之处,是一般人难以想象的。比如,汉尼斯在校长任上要花上三分之一到一半的时间为学校募集资金,几乎每天不是在和人吃饭谈捐款,就是在募捐的路上。大学在美国是让商业成功者回馈社会奖励发明的大平台——这是另一种研究机构和商业机构的融合,而它能顺畅运作,则离不开汉尼斯这样连接者的不断努力。

在大学,要成事需要募捐,做大事就需要让商业成功者捐出几千万甚至上亿美元的资金,来支持大学的一系列努力。这也是为什么汉尼斯在书中提出的十大领导力修炼,第一条就是谦逊。

谦逊的意义在校长募集资金的奔波中凸显。身居斯坦福校长的高位,可以动用大量资源,这也常常会让人"麻醉",以为自己无所不能。这时候募集资金的辛苦会给因为地位而忘乎所以的感觉时刻的警醒,因为在向成功者募集资金的过程中,需要依赖团队的努力,需要与捐赠人有清晰的沟通,需要合适的姿态——绝不可能是居高临下的姿态——与倾听的能力。

要想真正赢得捐赠者的信赖,让他相信大学可以管好他捐赠的巨大财富,让这笔财富真正用到实处,还需要有服务的心态,这样才

超越乌卡：不确定时代的长期主义思考

能真正与捐款者沟通，把他们的愿景与学校的愿景合一；同时也需要有助人成功的理念，明确募集资金投入大学的项目，无论是一个开创性的项目，一个讲习教授的席位，或者是一幢大楼，都能帮助捐款者留下自己的名声和遗产，同时也帮助大学前行一步。汉尼斯很清楚，只有帮助捐款者完成他们的心愿，最后才能落脚到实现自己的抱负，为大学的发展募集资源，为自己的成功奠定基础。

资金是最重要的资源，对于在商界激烈竞争的胜出者，汉尼斯像一个布道者：强调企业家最大的美德应该是把获取的资源与更多人分享而不是独占，这也是他为什么用谦逊来解读野心，强调为了自己能够鲜衣怒马衣锦还乡的荣耀，相比于为了众人的目标而千金散尽，格局要低很多。

把野心与谦逊统一起来去讨论领导力，抓住了领导力的核心：你到底是为了追求一个职位所给予的社会地位和光鲜头衔而成为一个领导者，还是真正理解了所服务机构的愿景，要服务的人群的想法，要服务与影响的社区的需求，并为之付诸努力。显然，优秀的领导者是后者，他们知道如何善用自己的时间和精力，善用自己的地位来有选择地做事情。归根结底成功的领导者是聪明的资源分配者和未来价值的判断者，能够把资源配置给最有前景的目标和团队。

数字经济时代的 CEO 面临两大转型挑战。首先，当无形资产替代有形资产甚至资本成为企业最重要的资产时，CEO 需要有更快掌握配置无形资产的能力，这一工作更加复杂，需要更多的创造力和协作精神。

其次,大企业的发展需要创意和效率并举,需要在规模壮大的同时仍然保持创新与活力,这就需要 CEO 扮演重要的连接者与推动者的角色。

企业发展史上,无论是谷歌追求"登月计划"的 Google X 还是启发了盖茨和乔布斯的施乐研究所(PARC),都曾经是企业内部创新的实验室,但也都因为面临商业化的压力而变质,因为商业压力对于追求突破的科研人员而言无疑是"令人窒息的"。汉尼斯作为管理智识资产的大学校长,他所提倡的"科研第一"的长期思维与营造教授创业环境的产学研并举措施,值得企业家借鉴,而他作为连接者的谦逊品格,以及通过成就他人来提升自己的信念,更值得学习。

超越乌卡：不确定时代的长期主义思考

美国精英教育的盲点与颠覆

  Netflix 出品的纪录片《买进名校：美国大学舞弊风暴》，在开头就展现了一连串美国高中生等待大学"放榜"的焦灼情绪。美国没有统一的高考，是否被青睐的大学录取在拆封大学寄回的邮件之前充满了悬念。拿到录取通知书的人欣喜若狂；如果是候补录取，几乎像泄了气的皮球；如果直接是婉拒信，周围朋友的安慰和纸巾都少不了。

  美国名校的录取，仅仅是在前门公开的竞争，早已白热化。后门的竞争，更是财力的大比拼。属于校友子弟的话会增加录取的机会，父母如果愿意大手笔捐款，子女被录取的几率就会大很多。美国前总统特朗普的女婿库什纳在高中成绩平平，依靠自己老爸给哈佛大学 250 万美元的捐赠获得了录取常春藤名校的机会，是典型的堂而皇之"走后门"。除了正门与后门之外，还有"边门"。《买进名校》记录的就是 2019 年走名校"边门"的丑闻，由体育教练转身而成的大学申请咨询师的辛格，抓住了名校招"体育特长生"的空子，让一些富裕家庭的孩子可以花费几十万美元就被名校录取，其中不惜造假、代考和行贿，各路成功人士对走"边门"趋之若鹜，不在乎游走在法律的边缘,唯一花心思在于避免孩子知情,担心这会打击他们的自信心,极力营造他们通过自己努力成功的假象。

《买进名校》把名校录取丑闻引发的舆情表现得淋漓尽致,舆论普遍认为这些人"走边门"是对教育公平的践踏,挤占了平民子弟实现美国梦的机会。丑闻中花钱"走边门"的家长中有律师、明星、企业家,不少因此被判刑入狱。但影片真正引发思考的并不是一小群人为给孩子"买到"入学名校资格引发的不公,而是为什么这些美国社会的"成功人士",会冒着犯法的危险,为的就是确保自己的孩子能够在藤校有一席之地。这种行为背后其实凸显了美国社会的变迁。拿到名校的文凭就意味着孩子有更多机会跻身于社会的中上层,为此成功人士会使出浑身解数。而名校的竞争激烈并没有让无家世背景却有潜力的年轻人有更多机会"登龙门",实现阶层的跨越,反而强化了阶层固化。关上这扇边门,未来又可能有人找到另一扇侧门,而后门永远对富豪是敞开的。

美国式高等教育的内卷,体现在成功人士不择手段为孩子争取稀缺名校录取资格上,这其实在制造新的不平等,而名校毕业生所强化的阶层身份,与"美国梦"所标榜的"只要努力,就能成功"的理想背道而驰。政策制定者希望大学教育是一个给每个人都提供成长机会的平台,但现实中美国大学本身却正在蜕变成全新的种姓制度(Caste)。内卷的另一副作用则是夸大"个人英雄主义"的成功观,制造出一代缺乏自省与感恩精神的年轻精英。

超越乌卡：不确定时代的长期主义思考

精英的暴政加剧了内卷

美国的大学教育在二战之后发生了一系列变化。哈佛、耶鲁、普林斯顿这样的名校，在20世纪50年代之前仍然是上流子弟的俱乐部，是类似贵族精英世袭的高等教育领地，只有校友的子弟、有钱金主的孩子、还有美国东部一些著名私立学校的毕业生才能进入，甚至对犹太人都有严格的名额限制。

20世纪40年代，哈佛大学老校长康纳特（James Conant）致力于改变这一现状，希望推行精英教育，让任何有才华的人，不论家世背景，都有机会进入哈佛深造，康纳特认为只有这样才能在剧变的时代让美国"不拘一格降人才"，培养未来需要的技术人才和领袖人物。康纳特的努力开始引领新风潮，奠定了精英教育的基石。再也没有谁只是因为是校友的子弟或者煊赫的家世背景就能进入哈佛，哈佛录取的学生变得更加多元。

但这种从贵族教育向精英教育的转型，很快就被崛起的中产阶层找到了录取的窍门。精英教育录取需要通过SAT这样的标准化能力考试（俗称美国高考），而家境优渥的家庭能让孩子上补习班，参加应试培训；除了考试成绩，精英教育还追求多方面的发展：课外活动、领导力、体育、才艺等，通过各种包装来满足哈佛招生官的要求。

02 创新篇：科学、教育与变革

中产阶层为了争取进入名校的"军备竞赛"加剧了名校的竞争。在 20 世纪 70 年代，即使哈佛、耶鲁这样的顶级名校，录取比例大概是三比一，因为在当时，名校对于一个人的成功帮助并没有那么大，大多数美国人会选择就近读大学。到了 20 世纪 80 年代，录取比例变成五比一，仍然还没演化成惨烈的竞争；到了 2020 年，录取比例变成了二十比一。为了争取藤校的一个录取名额，竞争加剧，"直升机"父母成为常态。

很快，精英教育不再是从普罗大众中选拔精英的机制，不再是加速社会流动性的推手，反而让成功人士更容易把自己的阶层代代相传。一些调研发现，美国精英大学教育在推动社会流动性上越来越乏力，学生中因为接受了高等教育而从社会底层收入最低的 25% 人群，跃升到顶层收入最高的 25% 人群的比例，只占总学生人数的 1% 至 2%，可谓凤毛麟角。哈佛大学来自顶层收入 1% 家庭的学生人数，比来自下层收入 50% 家庭的学生加起来还要多。在《乡下人的悲歌》一书中，出生于贫困家庭的作者万斯进入耶鲁法学院时发现，自己是 200 多名录取者中唯一一个来自低收入人群的学生。

哈佛教授桑德尔在新书《精英的傲慢》（*The Tyranny of Merit*）中把这种精英教育所导致的"内卷化"归咎于精英暴力。

精英暴力就是人为制造稀缺性，让名校变得越来越难进，让大学排名竞争变得日益激烈。精英暴力也让成功进入哈佛的年轻人饱受摧残，一方面让他们对自己的成功很迷信，认为成功都源自自己的努力；另一方面这也让他们变得更加不独立，从小精神就备受

超越乌卡：不确定时代的长期主义思考

压力,因为大多数人的成功很大程度上依赖"直升机"父母的精心安排:父母为了孩子的成长不遗余力地去设计和呵护,就好像努力的产品经理一样。而各种比拼让孩子的高中生活变得日益繁忙,也加深了这些得以进入名校的学生对精英主义的信奉。

即使进入大学校园,精英暴力也仍然无法消除,为了排名而竞争,成为精英暴力内卷的标志。习惯于竞争的年轻人,停不下来脚步。但这有违精英教育的初衷。大学教育需要年轻人去探索、去找寻自己未来的方向,需要充满好奇心,当然也需要培养团队的协作精神,而不是个人的分数主义。但即使是哈佛的年轻学生,仍然对分数特别在意,特别在意自己的排名如何。哈佛校园有400多个社团,也延续了竞争主义的思想,都以难进而著称。进哈佛是鲤鱼跳龙门,跳龙门之后又如何?继续跳,从一个圈到另一个圈,从一个坑到另一个坑,仿佛只有不断地去竞争、比拼,才是精英的特质。

针对精英暴力,如何解局?桑德尔提出了一点思路:把无休止的军备竞赛,变成及格赛+抽奖。他建议设立一个大家都公认的入门录取标准,然后让合格的申请者抽签决定谁能成为十分之一的幸运儿。这其实也是录取办公室老师的想法,因为每年哈佛四万多申请者中,至少一半以上都符合哈佛的学业要求。

这么做有两方面的好处。一方面减少了"内卷"的竞争,让孩子的高中时代能够过得更充实更多元;另一方面也减少了孩子进入名校之后的自得与自大,因为能进哈佛,主要因为自己的运气好。人生中,运气也非常重要,而精英暴力却让名校学生在机会面前缺乏最基本的谦逊精神。

以加强教育治疗贫富差距,是抓错了药方

《21世纪资本论》一书的作者皮凯蒂认为,过去40年,全球化和高科技的崛起,推动了发达国家,尤其是美国贫富差距的拉大。他认为,传统的左派,比如美国的民主党和英国的工党,都没有能够着手去解决贫富差距的问题,反而把所有的赌注都放在高等教育和教育公平上,是抓错了药方,也让全球化带来的收益不对称持续影响整个社会,构建了民粹主义的土壤。

20世纪80年代开始的美国教育的内卷,与美国贫富差距的逐渐拉大基本上同期。面对里根新自由主义和全球化的高歌猛进造成的贫富差距现象愈演愈烈,美国政客认为,鼓励更多人上大学,是解决不平等问题的良方。他们认为,只要学得多,就能挣得多,却忽略了美国经济正在经历最严峻的结构性调整。

推动更多人接受大学教育,等于变相增加了名校录取竞争的"军备竞赛",并没有带来更多的教育公平,反而催生了文凭至上主义,也让名校变成了进入社会上层的身份标识。

文凭至上主义创造出一种幻觉:任何人都能够也应该靠自己的

超越乌卡：不确定时代的长期主义思考

努力上大学，然后就能找到一份好的工作，更好适应外部的变化。这会强化成功者的自我优越感，认为成功源自自己的努力，同时也会妖魔化那些失败者，尤其是那些没有上过大学的人，让他们把失败归咎于自己没有努力。上过大学或者读过研究生的人，歧视没有上过大学的人，这种歧视非但不会被批评，反而被双方都接受，这是精英暴力时代的特点。

精英暴力忽视了在很多情况下，外部环境、运气和机会与一个人的成功有莫大关系。在《乡下人的悲歌》中，作者万斯一再强调外部环境的重要性。家庭是否完整，是否有稳定的收入，学校里是否有爱心的老师，这些因素中任何一项的缺失都可能让人失去向上竞争的机会。万斯的同学没有几个能上大学，他如果没有在海军陆战队四年的锻炼，也很难有机会上大学，甚至从耶鲁法学院毕业。军队帮助他成为一个能够独立生活的人，教育他学会怎么健康饮食，怎么理财，怎么规划未来。

贫富差距拉大最主要的原因，并不是没有上过大学的人不再努力。蓝领工人生产力的提升在过去40年并没有停歇，但收入增长明显停滞了。原因是话语权的变化和博弈中实力的此消彼长。在全球化和高科技时代资本与劳工之间的博弈中，社会明显偏袒资方，资本的力量大大增强，劳工却无法因为更高的生产力而获得更高的收入。

这在英国和美国战后政客的学历变化上也能看出。战后英国工党政府中不少优秀领袖，包括英国社会保障制度的创建者安奈林·贝文（Aneurin Bevan）和工党领袖赫伯特·莫里森（Herbert Morrison），都是中学辍学，要么在煤矿中当过工人，要么在工会中摸爬滚打，从实践中积累了足够的经验。美国最优秀的两位总统都没有上过大学，分别是开国元勋华盛顿和解放黑奴的林肯。杜鲁门是最后一位没有上过大学的美国总统，却也被认为是现代史上最优秀的总统之一。

英国工党，这个传统意义上代表劳工的政党，没有上过大学的议员在1979年还占到37%，现在已经不到7%。同样的趋势在美国国会也是如此。目前美国参议院的100名参议员全部有高学历，400多名众议员中只有5%不到的人没有上过大学，但在二战之后，没有大学学历的国会议员占比还很高。劳工阶层在代议制政府中占比如此之少，是当下文凭至上信念的一种直接反映，虽然没有上过大学的人群在英美都占了整个人口的三分之二。

类似的情况，在20世纪开启普选之前，其实司空见惯。在贵族政治或者只有有产者才有投票权的民主政体中，政客大多数都受过精英教育。精英教育的文凭至上主义，反而带来了民主的倒退，这一现象值得深思。

为什么教育模式始终未被颠覆

美国高等教育不仅仅竞争日益激烈，更离谱的事情是学费在过

超越乌卡：不确定时代的长期主义思考

去40年增长了1400%。相比之下，在全球发达国家中医疗成本最高的美国，医疗费用同期翻了六番。但与医疗不同，教育从产品到服务都没有本质的提升。这不禁让人纳闷，美国有整天要颠覆各种行业的硅谷，为什么在教育界没有产生颠覆力量？在几乎每个行业都出现赛道外的"野蛮人"的美国，为什么名校的排名在过去几十年基本上没有变化？

一个简单的解释是，美国高等教育，尤其是排名最靠前的名校精英教育，在过去几十年发生了本质的变化，从公共品变成了奢侈品。它把为社会提供最重要的公共品——让更多普通人能够接受高等教育——变成了人为制造的奢侈品，就好像供富豪炫耀性消费的"凡勃伦商品"（需求量与价格成正比的商品），学费接连上涨，只会增加藤校的稀缺性。

相反，美国的公立大学（州立大学）却接连遭受国家投入削减的窘境，尤其在2008年金融危机之后，不得不接连削减预算，只能依靠不断涨学费来补贴开支。国际学生的学费（一般比在本州上学的美国学生要高出几倍）变成公立大学的主要收入来源，金额在2019年已经超过400亿美元。学费增加又让学生贷款像滚雪球一样增加。学生贷款原本是希望让家境一般的学生也能上得起大学，结果却让更多美国中下阶层的孩子从职业生涯一开始就背上沉重的债务负担。美国学生贷款总额已高达1.6万亿美元，比信用卡债或者车贷还要多，平均每人有3万美元的债务。

过去40年，藤校越来越挑剔，州立大学越来越依赖学费，尤其是国际学生的学费,而学费增长反过来更刺激了盈利性大学的扩招。

高等教育繁荣的另一面,是教育的产品和服务并没有得到足够的投资。在许多大学,教学主要由薪水不高的助理教授和兼职教授肩负,以及几乎是免费的研究生,有终身教职的教授根本不用担心自己教学的水平,尤其是在研究型大学。原本保障思想自由的终身教职,也可能变成大学教育缺乏竞争的原因之一。这种情况,即使亚当·斯密见了也会寒心。

斯密在接受海关监督的工作之前,在苏格兰格拉斯哥大学执教。18世纪的苏格兰大学与英格兰大学最大的区别是学生直接把学费交给授课的教授,学生对教授教学的好坏有投票权,这也让斯密坚定了即使在教育领域也需要引入竞争的信念。他离开教职工作时学期还没有结束,最后一堂课上完,他执意要补偿学生的学费,忙着给每个学生的口袋里塞钱。

在2020年新书 *Post-Corona*(《后新冠》)中,纽约大学斯隆商学院的斯科特·加洛韦预测,疫情会给美国高等教育带来"迟到"的颠覆,主要集中在三点。

首先,疫情导致的校园关闭现象,让许多家长和学生质疑大学学费为什么还要那么贵。

大学教育,尤其是名校的精英教育,其实涵盖三方面,可以用一个公式来理解:$T=C+E+Ex$(学费=铭牌+教学+体验)。铭牌当然就是名校毕业生的品牌和校友影响力,也是名校光环带来的社会

超越乌卡：不确定时代的长期主义思考

资产；教学则是真正学到了什么；体验则是在校园里学习生活的切身感受。

学费暴涨，主要源自品牌溢价。疫情导致校园关闭，教授和学生都在家上课，教学体验变差，并没有多少大学在与远程教育相关的科技应用上有过显著的投资。

其次，依赖视频会议（在美国主要是Zoom）远程教学，效果并不好，学生和家长都意识到教学的产品和服务需要提升，需要教授针对在线教育对产品和服务做出全新的设计。

在线教学取消了距离和空间的限制，可以让更多人同时学习，增加了规模效应，也会让优秀的教师脱颖而出，更受学生偏爱。教学好的老师可能会成为在线明星，服务成千上万的学生。这也会让更多人可以享受到名校老师的风采，也会让优秀的大学课程变得更普及。

第三，疫情中成长最快的高科技企业和平台企业，未来很可能给高等教育带来全新变化。投资高等教育，对平台型企业而言并不费钱。苹果仅在2019年投资制作流媒体内容就花费了60亿美元，几乎相当于全美最大的公立大学加州大学23个校区一年的预算。

如果高科技企业能与名校合作，就可以更好地发挥网络效应，即享受服务的人越多，边际成本越低，进而降低学费。如果真能在降低学费的同时让更多人通过在线教育获得名校的学位，将会给当下的美国精英教育带来真正的颠覆：没有在校生活"体验"的铭牌含金量还会那么高吗？当名校学位不那么稀缺了，名校的身份象征在未来职场还能那么值钱吗?

教育的内卷源自优秀教育资源的供给不足,以及争取这些资源所引发的日益激烈的"军备竞赛",而这种竞争并不有助于孩子的成长,反而会给富裕人群更多"作弊"的机会,加剧阶层固化,这与希望通过推广大学教育来推动平等的理想背道而驰。针对美国教育的内卷,桑德尔提出引入"抽奖"机制化解军备竞赛;加洛韦希望,借助技术的力量大幅增加供给;皮凯蒂则直接把矛头指向资本与劳工之间的大博弈。

希望这些讨论有助于深入思考如何化解我们所面临的内卷问题。

03

组织篇：
拥抱长期主义

When I arrive at the heaven's gate, one of my first questions to St. Peter would be: "Why did you only make data available about the past?"

克里斯坦森教授曾经戏言,自己去世之后,天使们会在天堂门口先面试一下自己,决定是否让他进天堂。那时候,他首先会问一个问题,给圣保罗的问题就是:为什么你只提供过去的数据,而不是未来的数据?

2020年,哈佛教授克里斯坦森因患白血病去世,享年67岁。他所提出的颠覆式创新为乔布斯和贝索斯所推崇。这句金句可谓他的自况,代表了他对大数据和人工智能时代的质疑,利用历史数据真的能预测未来吗?如果是这样的话,那还要颠覆式创新干什么?或者说,如果大数据分析真的能预测未来的话,就可能不再有颠覆式创新的空间,商业的未来会变得特别无趣。

剧变时代，需要拥抱长期主义

1999年末，美国互联网泡沫即将破裂前夕，亚马逊老板贝索斯上了美国三大电视台之一NBC的晚间新闻节目，此时距离亚马逊刚上市没几年。当时，曾经红得发紫的互联网企业开始纷纷被质疑，亚马逊也不例外。而贝索斯坚持烧钱低价扩大市场份额的战略，在很多投资人和观察家眼里看来，简直就是离经叛道。

NBC著名主播布罗考（Tom Brokaw）在访问中用挑衅的语气问贝索斯：你知道利润（profit）这个词怎么拼吗？"当然知道"，贝索斯不假思索地回答，"P-R-O-P-H-E-T（先知，洞察先机）。"利润和先知两个英文单词，读音相近，拼写相似，但却凸显了短期价值和长期价值之间的天壤之别。从创业的第一天开始，贝索斯就坚持长期主义，他把这样的文化总结为"第一天"（Day One）的文化，希望员工牢记，即使亚马逊已经成为全球市值最高的十家公司之一，他们仍然需要保持创业之初的理想。

高瓴创始兼首席执行官张磊在2020年畅销书《价值：我对投资的思考》中重点谈到坚持长期主义的重要性，强调"追求事业和梦想……着眼于长远，全神贯注并全力以赴"。贝索斯对长期主义的践行,可以让我们更好地了解,到底什么是长期主义,长期主义对于构建一家基业长青且能给经济和社会带来巨大变化和贡献的企业,为什么那么重要。

热忱和执着是长期主义的基础

贝索斯是个爱咬文嚼字的人。在他 2020 年出版的文集 *Invent and Wander*(《发明与流连忘返》)中,他提出长期主义和短期主义的区别,是热忱和唯利是图(missionary VS mercenary)的区别,评价一个人和一家公司,就是要看他们到底是带着宗教热忱般的投入,还是以赚快钱为乐。热忱与唯利是图,又是两个英文读音相近,意思却截然不同的词,巧妙地凸显出对待工作和未来的不同态度。

贝索斯认为,无论是收购公司,还是招聘人才,判定一家公司是充满热忱还是唯利是图,是评价其能否坚持长期主义的第一标准。他希望招聘的人,对公司、对工作都抱有高度的热忱。同样在他眼里,一家为了赚快钱的公司和一家执着于使命和愿景的公司,也有本质的不同。

如果对工作有热忱,就会认同贝索斯所强调的长期主义。相比而言,如果只是为了赚快钱,员工可能会因为下一个赚钱机会而轻易跳槽,而企业则希望卖给出价最高的买家套现走人。这也是为什么亚马逊的薪酬架构中有比较大比例的股权激励,贝索斯清楚,要让员工能拥有长期思维,首先要让他们成为主人翁。

美国健康食品超市连锁全食(Whole Food)公司被亚马逊收购的案例,就是践行长期主义的结果。

2017年,全食遭到控股8.8%的对冲基金的狙击,希望董事会洗牌,并且出售公司。公司创始人约翰·麦基(John Mackey)感到了巨大的威胁。他很清楚,作为"活跃股东"的对冲基金在意的是如何在短期内卖掉公司获益,根本不在乎成立近40年的全食的一系列理念和做法,比如坚持为消费者提供最健康的食品及持续回馈社区等。在他眼里,这场阻击战变成了股市崇尚的短期主义与优秀公司需要坚持的长期主义之间的战争,而他需要创造性地找到三赢的解决方案。而这一三赢方案,不是把全食卖给出价最高的竞争对手,而是卖给一个懂得全食价值也愿意保留全食文化,还能帮助全食未来发展的买家,让全食的管理团队和员工、全食的消费者和股东,以及全食在美国500多家门店所服务的社区都能从中受益。

为了找到好的买家,麦基向巴菲特咨询,巴菲特认为全食对自己的投资组合而言并不太合适。麦基又与美国另一大连锁超市的CEO私下里沟通,结果评价下来发现两者文化上不匹配。正在他寝食难安的时候,突然想起了一年前刚刚结识的创立亚马逊的贝索斯,也许他会感兴趣。两个公司的三点共同点让他激动不已:首先,亚马逊客户至上的宗旨与全食的理念相符;其次,贝索斯以坚持长期主义著称,而麦基创立全食39年,一直把公司的长期发展和长期价值放在首位;最后,麦基已经看到了对于传统零售业而言,高科技将为其带来巨大的颠覆,如果能够有亚马逊的科技助力,全食将获得全面提升。

在 2020 年新书 *Conscious Leadership*(《用心领导力》)中,麦基把与亚马逊的联姻称为"一见钟情"。2017 年 4 月他率领高管团队第一次拜访贝索斯,6 月双方签署合并备忘录,8 月就完成了交割。贝索斯也给予了麦基以非常高的评价,因为从第一次见面贝索斯就很清楚,麦基是一个对公司的未来发展和愿景有着极高热忱的人。

亚马逊以高于全食三月底收盘价 40% 的价格全资收购全食。在后续三年的整合中,全食保留了自己的企业文化,所有门店员工的时薪都上升到了 15 美元,亚马逊的高级用户开始在线购买并享受全食健康食品免费配送的服务,全食和其分布全美的中小供应商都受益于更快增长的业务,而全食继续通过自己旗下的三个基金会拿出 10% 的利润反馈社区。

长期主义,需要敢于尝试失败

亚马逊在成长历史上并非总是一帆风顺,也并不是每个产品都像 AWS 云计算基础设施或者 Kindle 电子阅读器那样成功。

10 年前,当各路高科技公司都纷纷涌入智能手机领域内的时候,亚马逊也和微软、谷歌一样,加入了战团。现在估计没有多少人能记起来亚马逊的智能手机"Fire"(火)系列,因为这款手机根本根本没有打开过市场,而亚马逊在手机折戟之后,很快就终止了研发。

这恰恰是亚马逊坚持长期主义的另一基石:勇于尝试,也迅速拥抱失败。过去20年是科技以指数级快速发展的20年,谁也不可能对新科技的发展有准确的预期,不断尝试,有成绩就快速扩张,遭遇失败就迅速收尾总结经验,是谋求长期发展的不二法门。

这样的尝试也并不都是交学费。Fire手机虽然没能流行,但是手机中开发的一款功能却亮了。贝索斯在手机上市前看演示的时候,了解到这款手机可以根据人的语音询问,查找任何一首歌。虽然Fire手机失败了,但是语音助手却给贝索斯留下了深刻的印象:如果能够让每个人用语音来搜索想要买的东西,还能语音下单,那会给电商带来什么样变局?

失败的Fire手机种下了亚马逊智能语音音响Echo和智能语音助手Alexa成功的种子。而且,在这条全新的赛道上——在亚马逊推出Echo智能音响之前,没有任何消费者想过会在客厅或厨房里摆上一个能用语音应答的音响——亚马逊比竞争对手快了两年多。

如何看待失败,贝索斯有一个两分法。他认为,失败有两种,一种是运营上的失败,一种是试验的失败。第一种绝不能容忍。如果亚马逊在各地开设配送仓库,已经积累了成熟的运营经验,结果新开的一家仓库管理发生大问题,那一定要问责,因为明显是执行力或者流程出了问题。相反,第二种试验的失败则很正常,既然冒险,就要容忍失败。亚马逊推出Fire手机失败了,没关系,积累的经验教训帮助亚马逊更快更好地推出Echo和Alexa,这才是从失败中汲

超越乌卡：不确定时代的长期主义思考

取经验的典范。

哪些值得做试验，哪些又需要非常慎重的决策？贝索斯同样也有两分法。他把决策分为两种：一种是没有回头路的决策，需要管理层慎重考虑，需要从各个不同的角度去评估，因为一旦决策失误，就可能带来巨大的损失；另一种则是双向旋转门式的决策，试验一旦失误，马上可以推倒重来，损失不大。

第二种决策其实就是大胆试验，因为谁都难以预测试验的结果如何，也正因为如此，这类决策需要赋能给普通员工，让更多一线的员工参与进来。

对于重要的没有回头路的决策，贝索斯提出，CEO 需要成为 CSO（chief slowdown officer，首席减速官）。理由很简单，既然一旦决策就没有退路，那就需要慎之又慎，需要高管花大量时间讨论。比如亚马逊对推出的高级会员计划，就讨论了很久。高管团队希望能推出类似航空公司常旅客奖励计划的服务，他们也想尝试如果给用户免费快递，会给业务带来什么样的增长。反复讨论之后的结果是让用户可以付费成为高级会员享受免费快递的服务，虽然 CFO 警告贝索斯，第一批高级用户很可能像享用无限自助餐一样，产生惊人的快递费用。

贝索斯很清楚，一旦高级会员喜欢上了免费快递，再想往回退就很难了，即使快递的成本很高。但，贝索斯还是拍板了这一决定。这一决策也凸显了，虽然决策一方面需要有数据分析的支持，但另一方面仍然需要决策者的直觉判断力。亚马逊高级会员计划不仅让亚马逊的经常使用用户感受到了便利,更帮助亚马逊搜集到了有关重要典型用户行为的大数据。当然,即使贝索斯也没有想到,高级会员计划会让亚马逊在未来成为流媒体电影和电视的制作商和分发渠道。

长期思维需要勇于拥抱梦想

贝索斯小时候是科幻小说迷,热爱经典美剧《星际迷航》,在跟小伙伴们一起做角色扮演游戏时,他最热衷于扮演的角色就是《星际迷航》里的那台真人语音交互的计算机。这也是为什么当他第一次看见 Fire 手机语音交互软件时,能眼前一亮,马上意识到智能语音交互可能是下一个人机交互的风口。

当然,贝索斯对太空旅行的向往,并没有停留在儿时的畅想上。他在 2000 年的时候就秘密地创建了自己的太空探索公司蓝色起源,在得克萨斯州买了一大片牧场作为发射基地,尝试设计可回收的火箭,以及下一代飞船。当然,贝索斯要实现的梦想是,在飞船首航时,自己能够作为乘客飞向太空,就好像他高中毕业时向同学们夸口的那样。

贝索斯对太空冒险的执着是不是全球首富挥金如土的爱好?为《发明与流连忘返》作序的沃尔特·艾萨克森(Walter Issacson,也是《乔布斯传》和《达芬奇传》的作者)认为不是。他认为贝索斯的太

超越乌卡：不确定时代的长期主义思考

空情结，是为了让自己更好地坚持长期主义，因为对遥远的地平线和高科技未来的发展保持专注力，是长期主义的重要组成部分。

而且贝索斯的低调(甚至熟悉他的记者在蓝色起源成立了七八年后都不知道公司的存在)与高调的马斯克又有所不同。贝索斯觉得蓝色起源与马斯克创建的SpaceX两者竞争的最大区别其实是龟兔赛跑，两者的目标和方向几乎一模一样，最终谁胜谁负现在还不能定夺。

如果说什么是贝索斯长期主义的纪念碑，那莫过于他在得州建造了一个由未来学家西尔斯(Danny Hills)设计的万年钟(Clock of the Long now)，这台钟每一百年指针动一下，每一千年布谷鸟才报时一次。

贝索斯对太空冒险的执着，也是他勇于拥抱梦想的体现，而勇于拥抱风险也是长期主义的另一元素，因为它需要短期的牺牲，也需要对长期目标的坚信。贝索斯特别强调做出人生的重要选择时，需要想象一下80岁的自己回看当下，会不会对当前的选择失望。这一视角也是许多管理专家所提出的事前检讨(pre-mortem，相对应管理者熟悉的事后检讨post-mortem)。

在创建亚马逊之前，贝索斯在华尔街著名对冲基金大师肖(D. E. Shaw)的公司工作。贝索斯向肖表达了自己互联网创业的意愿之后，肖带着贝索斯在中央公园走了两个小时，边走边聊，极力挽留贝索斯：这是一个非常好的创业点子，但是对于那些没有好工作的人而言，这样的创业计划可能更合适。肖希望贝索斯能够花上两天考虑。贝索斯当年就用了"事前检讨"的视角,为了让未来的自己不会被没有做出的选择而后悔,下定了创业的决心。

1999年,艾萨克森在《时代周刊》担任主编,决定评选贝索斯为当年的封面人物。艾萨克森一直认为,并不是王侯将相(或是总统首相)才是改变世界的人,很多时候商业的创新和技术的创新,给经济和社会带来的影响更大,而推动商业和技术创新的企业家应该得到更多表彰。他认为贝索斯提出的互联网商业(电子商务)会在未来影响许多人。

可是到了1999年末,互联网泡沫岌岌可危。艾萨克森也拿不准,自己会不会推选了一位昙花一现的人物,未来遭人笑话。他向时代集团CEO罗根(Don Logan)求教。罗根的回答堪称经典:别担心你的判断力,的确互联网泡沫马上就要破灭了,但是贝索斯并不是在互联网的赛道上,他是在零售消费服务的赛道上,他特别执着于满足消费者的需求,互联网泡沫会让一大批企业死掉,但贝索斯会是在未来二三十年影响商业的重要人物。

显然,睿智的罗根很早就看清楚了贝索斯的长期思维。

超越乌卡:不确定时代的长期主义思考

巴塞罗那圣家堂的启示

西班牙巴塞罗那的圣家堂是巴塞罗那的地标性建筑,也是唯一一座尚未完工即被称为世界文化遗产的建筑。原因是它是巴塞罗那最著名的建筑家高迪的作品,是最能体现高迪建筑风格的建筑。这座建筑从1882年开始建设以来,迄今还没有建成,原本希望在2026年高迪去世一百周年时完工,却因为新冠疫情而可能再度延期。

圣家堂在高迪接手之前的设计远没有那么宏伟。高迪在20世纪初的设计就是想让它未来成为巴塞罗那的地标,但是高迪没有时间完成自己的作品,而且即使高迪活得更长且没有资金缺口,在他的时代也根本完成不了这项伟大的建筑。后人检视发现,教堂的地基在大量减轻建材重量的新建筑技术出现之前,无法承受住高迪设计出的高耸入云的塔。

圣家堂在高迪去世之后建筑一度陷入停滞,佛朗哥政权出于对巴塞罗那所在的加泰罗尼亚地区独立倾向的担心,根本不给教堂建设拨款。没有政府资金支持,圣家堂完全依赖当地人的维护,才让没有完成的教堂不至于变成废墟。直到佛朗哥去世之后,圣家堂的建设工程才得以重启,当地社会也开始增加对圣家堂的捐助。新技术的发明加速了教堂的建设。20世纪80年代,高迪的设计能逐渐实现,就是由于新技术让建筑材料更加轻盈,当然革命性的CAD电脑制图技术,也让在高迪设计草图基础上为教堂的每一部分制作出详细的3D工程图纸变得又容易又快速;这些都是高迪在世的时候无法预知也无法想象的。

1992年巴塞罗那奥运会是全世界游客再次发现高迪作品的契机,圣家堂也成为巴塞罗那最重要的旅游景点,门票收入成了圣家堂继续建设最主要的资金来源。

类似的跨越几代人才能实现的教堂工程在欧洲并不少,圣家堂可以说是其中的突出代表。这样的教堂工程有什么寓意呢?在具有高度不确定性的世界中,教堂工程代表了一种坚持,对长期目标的坚持。同时又彰显了一种变通,对如何实现这一目标的手段的变通,对采用新技术和新方法的开放态度。而恰恰是这种长期的坚持和短期的灵活度,让圣家堂这样的宏伟建筑能够成为可能。

教堂工程需要在长期和短期之间找到平衡

什么是教堂工程?

首先,它们是复杂宏大的工程,建设的时间可能比一个人的一生还要长。这意味着它们需要适应变化的环境,有能力采用新技

超越乌卡：不确定时代的长期主义思考

术，也可能因为时代品位的改变而做出调整。欧洲许多老教堂因为建筑时间跨度很长，会在同一建筑的不同部分呈现出不同的艺术风格，就是这个原因。

其次，教堂项目能在未来很长时间内屹立不倒，代表了人类的执着和想象力，也呈现了一种能接受时间检验的恒久价值。

教堂工程凸显了长期与不确定性之间的张力。有人说因为这个世界充满了不确定性，所以根本无法抱持长期主义。其实，长期主义是应对不确定性的良药。在不确定的环境中，如果无法坚持长期的目标，像圣家堂这样的宏伟工程就可能永远停留在图纸上；但也必须在长期和短期之间找到微妙的平衡，如果没有短期的灵活度，拥抱长期很可能变成顽固不化，很难在不确定的环境中游刃有余，毕竟即使绝顶聪明的领导者，也不可能跨越整个时代做出详尽准确的规划。

教堂工程因此需要做到有张有弛。

一方面，它需要有宏大的愿景，能够**超越时代的愿景**，能够鼓舞一代又一代人共同努力，守望坚持，这是它执着的一面，有追求，有目标。很多企业把目标锁定在建设一家百年老店上，很多企业的创始人梦寐以求的是基业长青，其实这跟教堂工程的执着一脉相承，首先需要企业构建具备号召力和感染力的长远目标。亚马逊的老板贝索斯一直倡导"Day One"的文化，强调每天都是企业创业的第一天，其用意也在于号召每一个员工为企业的目标而奋进。

另一方面，它需要有足够的灵活度，可以根据外部环境的变化而做出改变,可以应对并解决预想不到的新问题。这种灵活度也是对新技术和新想法的包容度,充分利用每个时代涌现出来的新技术和新方法。这需要教堂工程所坚持的目标不是教条主义的,不是沿着刻板的。

有张有弛,明确目标坚定不移,但手段却需要不断地与时俱进,同时也在发展的过程中不断探索新事物,解决新问题,不断拥抱创新,这是教堂工程的核心。

教堂工程是代际接力跑

罗马并非一日建成,这句话同样是对拥抱长期主义的领导者的一种鞭策。

一方面,教堂项目的成功,要求领导者能够放宽眼界,看清大势。拥抱长期主义的领导者需要有足够高远的战略眼光,同时拥有吸引人的叙事能力,能将美好的未来描述得更逼真、更务实、更有意义,成为有鼓动性的愿景;另一方面,既然拥抱了长期主义,领导者就需要从一开始就承认自己的局限性,理解代际传承的重要性,让每一代人都为教堂工程添砖加瓦。

像圣家堂这样的教堂工程,一定是复杂艰难而牵涉面广,不仅时间长,而且跨度广,参与人数众多。教堂工程本质上是由一群人协作解决复杂问题的过程,是团队协作的结晶,是共享合作的成果。

超越乌卡：不确定时代的长期主义思考

教堂工程因此需要两方面的考虑：一是横向的合作，在同一时空中保持跨界合作；二是纵向的协作，代际传承，让每一代人都参加接力跑。没有不同领域内的人的跨界协作，没有代际知识分享，就不可能实现教堂工程的成功。

成功的大企业，都有过类似的经历。迪士尼就是一个很好的例子。一个以动画片起家的公司，一路发展成为好莱坞的大制片公司之一，能够适时把乔布斯一手创建的皮克斯收归旗下，为动画注入新鲜血液；很早跨界进入主题公园，拓宽娱乐的边界，又通过不断地并购建立包括漫威和星战这样全球著名的 IP 矩阵，构建起超级娱乐帝国。在这一过程中，迪士尼一直在坚持其使命和愿景，一代又一代人为这一使命和愿景添砖加瓦。

教堂工程也是一种代际接力赛，上一代人需要在适当的时候为下一代人让路，因为年轻一代会有自己的想法，对新潮流、新趋势、新技术和新工具也会更敏锐。秉持长期主义的领导者更需要成为年轻人的导师，关注代际传承，并在合适的时机将舞台让给年轻人。学会在合适的时间点交班，是教堂工程能够持续完成的一个重要点。

迪士尼的前 CEO 艾格就很懂得顺着商业周期做事，发挥每一代人的长处。当他看清楚娱乐业的最新赛道是流媒体，而奈飞作为一家新晋的竞争对手，已经攻城略地成为迪士尼最大威胁的时候，他帮助制定了迪士尼的数字化转型计划，并且推动了迪士尼流媒体平台"迪士尼＋"的上线。在新冠疫情肆虐的 2020 年，如果没有"迪士尼＋"抢眼的表现——在短短一年的时间内,迪士尼＋收获了7300万付费用户,提前四年完成目标——饱受疫情冲击的主题公园和电影院线也许会给迪士尼带来致命的威胁。

但艾格很清楚,自己的经验和视野已经不足以率领迪士尼在流媒体的赛道中竞争获胜,他选择在2020年年初交棒给下一代领导者,这是非常明智的选择,因为他知道自己不可能打赢所有的比赛,全新赛道需要全新的领导者。

在构建教堂工程的努力中,需要几代人的接力跑,构建基业长青企业如此,国家也一样。

教堂工程可用来类比未来的复杂长期问题

教堂工程并不局限于现实的工程,还可以用来类比构建百年老店的企业,类比解决未来复杂长期问题所需要的努力,类比构建支持国家长治久安的公共政策。

教育、医疗和养老这三项社会工程,是每个国家都需要去构建的教堂工程。伴随经济发展而来的产业升级,社会必然对教育提出新的需求,医疗和养老问题也会因为伴随经济发展而来的老龄化而显得更为严峻,这些是每个国家在发展过程中都需要解决的复杂问题,而且会随着国家所处的不同发展阶段以及每个国家的不同特点而有巨大差异。解决这些复杂问题,必须要有长远的眼光,懂得区

超越乌卡:不确定时代的长期主义思考

分什么是紧急的问题,什么是重要长期的问题,需要有长远的规划,同时又充分利用新技术和新方法,灵活地处理未来涌现出来的新问题。

教育的改革和创新就是一项教堂工程,因为跨度广、时间长,依靠的是"前人栽树,后人乘凉",同时重要性非同小可。劳动力成本的上升和劳动密集型产业转移到海外,是中国经济转型已经开始面临的变化,需要教育进行转型,为未来更快更广泛的产业升级做好准备。

教育问题在许多国家都不是容易解决的复杂问题,恰恰是因为其长期性,而许多国家的政府都因为过度关注短期紧急的问题,对复杂长期问题总是会有拖延症。

在许多国家,如果对官员的考核是短期的,对教育的投资和改革就很可能排序靠后。教育又是一个有很强"外部性"的议题,尤其是乡村教育。乡村教育做得越好,培养的人才越优秀,他们离开乡村到大城市的可能性就越大,乡村就越可能遭遇"人才外流"的威胁。如果乡村地方承担教育的成本,而大城市,或者在城市化中崛起的新城,享受到优秀教育的成果,投资与收益之间必然不匹配,只依靠乡村地方加大教育投资,或者推动教育改革,显然是"非理性"的。

20世纪60年代美国前总统肯尼迪和约翰逊推动的"减贫"事业中,一个主要部分就是由联邦政府为地方教育买单。20世纪60年代的美国恰恰是城市化飞速发展的时期,受过良好教育的小镇青年纷纷在沿海的大都市找到新工作,为持续发展的经济提供源源不断的高技术劳动力。

由此看来,教育作为一项教堂工程,不仅需要长期规划,也需要由中央政府承担主要的投资,以避免本地政府因为担心"为别人做了嫁衣裳"而不作为。同时因为教育是特别本地化的服务,需要因地制宜授权本地的教育机构不断尝试和创新。明确面向未来需求的发展目标,确保有充足的投入,依赖本地的和短期的创新,这些结合起来,就构成了教育改革这项教堂工程的多个向面,缺一不可。

在迈向未来知识经济转型的过程中,无论是国家还是企业,都需要理解知识经济的运行法则,而教堂工程恰恰是这种运行法则的鲜活类比案例:有效平衡短期和长期目标,坚持着眼于长远的规划又能敏锐地利用新技术和新方法,整合多元跨世代群体的力量,依靠集体的智慧和众人的参与来解决涌现出来的新问题,只有这样,才能建立起经受得起时间考验的丰碑。

超越乌卡:不确定时代的长期主义思考

如何造就迅速应对剧变的组织文化

20世纪80年代,美国航空航天局(NASA)曾经构建了一种文化,鼓励各个层级的工程师都能不断把自己看到的小问题提出来,每周汇总成一本"周一笔记",由高层过目并批示后发给全体员工阅读。这一做法,很像许多美国医院周一的 M&M(morbidity and mortality,发病率与死亡率)会议,总结上一周手术中出现了哪些问题,犯了什么错,以及讨论有哪些问题和错误可以避免。这种对于问题不藏着掖着的态度,营造了一种内部氛围,确保真出了问题没有人会把它掩盖。

这种文化,其实是在阶层分明的组织结构之外,创造出一种非正式的自由的信息流动机制。优秀的领导者很清楚,如果仅仅依赖阶层体系内向他直接汇报者提供的信息,很难全面理解复杂系统中存在什么样的问题和挑战。即使是秩序井然的机构,时间久了,也会变得日益官僚僵化和等级森严。这时候,鼓励自由分享的另类渠道,鼓励领导人能够打破阶层听取基层员工声音的文化,恰好是对阶层组织的有效补充。

可惜的是,在挑战者事故发生之前很久,NASA 的倾听文化就被另一种机械的、强调数字管理的文化所代替。这种文化强调任何决策都必须基于可以量化可以衡量的数据。当时NASA的原则是只有量化的数据才可以被考虑,无法量化的东西则是观点,而一个精密管理的系统中是不允许存在没有扎实数据推理出来的观点的。

挑战者事故发生前,已经有工程师指出,在天气过冷的时候,火箭的橡胶封闭环可能会出问题,导致燃料泄漏。他们也有一些证据:几张模糊照片疑似拍到火箭外壁上渗漏出的燃料燃烧留下的印迹,但是他们没有足够的数据来支撑自己的想法。在NASA的文化里,如果你无法用数据来说明问题,没有人会去理会你的观点。最终,工程师的意见被忽略了,没能阻止挑战者升空几分钟之后因为封闭圈失灵引发火箭爆炸的灾难。

遗憾的是,在之后的岁月里NASA非但没有汲取挑战者灾难教训,反而变得更加被僵化的流程所束缚。17年后的2003年年初,哥伦比亚号航天飞机成功发射,有工程师观察到发射过程中火箭掉下来的隔热材料砸到了航天飞机的机翼。为了解答自己的担心,他们请求美国国防部,希望调用航天飞机机翼侧面的高清照片。NASA高层的反应让人错愕不已。高层非但不去支持工程师澄清问题,反而向国防部替自己的工程师没有通过正常渠道沟通的行为道歉。在NASA高层看来,避免打乱官僚机构之间正常渠道沟通带来的麻烦,比避免一次潜在灾难而做出的努力,更重要。在哥伦比亚号两周的太空航行中,NASA有足够的时间可以衡量隔热材料掉落带来的风险,也可以安排宇航员太空行走来实地了解问题,更可以启动应急机制让宇航员乘坐其他太空船安全回家,可是NASA什么都没有做,甚至没有向宇航员通报。航天任务结束,哥伦比亚号返回大气层时因为机翼的耐火材料受损而解体,七名宇航员全部丧生。

跨越17年的两次航天灾难,都是可以避免的,却因为组织的僵化和没有倾听基层的声音而错失机会。NASA被后来的调查者所诟病:虽然是全美最顶尖科学家扎堆的地方,却远不是"学习型组织"。当一个组织时隔17年重复类似的错误而导致灾难的时候,就特别有必要对这个组织的治理体系以及背后的文化深刻反思。

鼓励信息流动,减少信息不对称

人类组织有两大类截然不同的运行方式,即英国历史学家弗格森在《广场与高塔》(*The Square and the Tower*)一书中所提出的等级森严的阶层组织和扁平活跃发散的市场。换言之,既有中心化强调控制的组织,又有去中心化强调分享的组织,两者之间的合作和张力带来了许多可能。

无论是官僚系统和还是企业组织,大都体现为阶层组织,都面临规模日益庞大、复杂性不断提升而外部世界又快速变化、"黑天鹅"频发的多重挑战。领导者如果想要对系统的运行拥有全面的认知,首先需要解决信息不对称的问题。复杂系统中没有人能够掌握全部的信息,也没有人确保信息顺畅流动。让领导者能够获得准确及时的反馈,并据此快速做出决策,对组织的有效运转至关重要。

信息流动的延迟、扭曲,甚至受阻,是庞大组织丧失韧性,因而无法迅速对新情况新环境做出反应的原因。当一个阶层组织的等级越来越森严,层级越来越多,信息自下而上传递的效率就会越来越低,在传递过程中被过滤而失真的情况也越来越多。讲别人喜欢听的话是人之常情,下级向上层的汇报过程中避重就轻,拣好的说的情况很普遍,尤其在对上负责的阶层组织中。有人群的地方就有权力场,因为权力有它的运作逻辑,阶层中处于下层的人即使看到了问题,也可能有这样或者那样的原因不愿意或者不敢上报。

好的组织需要及时准确的反馈机制。任何一项决策都不可能完美,需要及时获得真实的反馈以做调整,就好像商业模式创新中不断强调的"迭代"的重要性。创业者提出的新颖的商业模式,必须接受市场的检验,获得用户的反馈之后不断微调修正,才可能推动企业快速成长。阶层组织中领导者做出的决策,如果缺乏检验机制和竞争考核,投入市场后效果就可能差之毫厘,失之千里,甚至在一个"马屁精"逆淘汰的环境中,出现"楚王好细腰,宫中多饿死"的后果。

相比之下,在一个更扁平、去中心化的组织中,每个人都有机会去自由观察,并做出自主的判断,也有更多网状的交流管道,信息流

超越乌卡：不确定时代的长期主义思考

和反馈也会因此特别活跃，这也是为什么需要让市场发挥资源配置的决定性作用。相比之下，僵化的体制因为缺乏反馈机制和反馈渠道，在面临复杂未知问题和全新局面的时候，就没有扁平组织那样更容易应对，这也是为什么许多大企业都力争变得扁平化。

在一个信息日益多元的社会，再阶层森严的组织也不可能例外，都会存在各种不同的内部或外部信息流动的管道。领导者因此需要善于倾听。一个庞大的组织，需要保持内部流程拥有一定的灵活性，需要营造一个信息充分流通的环境，让管理层的其他成员都清楚，花时间去和各个阶层的员工沟通，倾听基层的声音，往往能及时发现问题，也有助于找到解决方案。

对于庞大的组织而言，快速决策也尤为重要。大组织有太多决策要做，即使犯错，也需要花费时间讨论错误决策带来的损失。在很多情况下，即使做出了错误的决定，只要有发现错误的速度和及时的反馈机制，就可以尽快发现、改变，汲取教训做出更正确的决策。

快速决策需要充分授权，到底把什么样的问题授权到哪一层级来决策，决定了决策的速度。如果遇到问题需要层层汇报，就可能耽误了决策窗口，而且领导也不一定有足够的信息和能力去做出准确的决策。一个大事小事完全依赖大老板拍板的组织架构是无法做到决策快速的。

如果建立起明确的规则，并且有充分授权，内部层级复杂的组织就能够更好地解决分内的事情，从而提升整个组织的效率。在有授权和明确规则的前提下,不同层级的单元都会选择把必要的信息向上传递,同时在自己的权限之内主动地完成自己的任务和肩负起责任。

组织学专家常常用人体来比喻行之有效的复杂组织。大脑不可能管理所有器官的日常运作,实际上在大多数情况下各个器官是独立运作的,甚至让大脑去管理呼吸、血液循环或者心跳都是徒劳。但这并不妨碍大脑指挥人体行动。有充分的授权的组织就是相对独立与统一的整合体。

不管组织有多么复杂,环境有多么多变,如果组织内部能够鼓励多元的声音,有多种信息畅通的渠道,鼓励信息的共享,同时有授权,有规则保障组织内部的自治,一个庞大的组织也可以在秩序和灵活之间找到高效的平衡点。

科技本身不会推动组织的变革

NASA 的案例也告诉我们,拥有先进科技和高科技人才,并不能自动让一个组织变得更有效,避免组织犯错。组织的高效运转依赖的是组织内部的治理体系和文化,以及治理与文化应对外部环境变化的创新。换句话说,高科技的有效应用需要与组织和治理共同进化,高科技本身并不会推动必需的管理变革。

数字经济的确带来了巨大改变,让信息传递的管道变得多元

超越乌卡：不确定时代的长期主义思考

了，既有阶层体系内按部就班的上传下达，又有社交市场中人与人之间的病毒式传播。历史学家黄仁宇对中国传统治理的一大批评是缺乏数目字管理，也就是习惯于拍脑袋做决策，没有采用数据分析的方法。大数据的兴起让数目字管理变为现实。

但真正把数据使用起来，却面临不小的挑战。

首先，所谓的数字真实(digital truth)并不那么容易获得。一方面数据质量可能参差不齐，另一方面要清楚数字是以哪种形式存储的，不同组织搜集的同一类数据是否可以汇总分析，光理清数据一件事就可能需要耗费大量的时间。

其次，组织文化仍然面临两大挑战：组织成员是否有足够的数字理解力，组织文化是否真正愿意拥抱数字变革背后的科学方法。

只依赖数据分析和数据管理也会带来其他问题。数据只有被衡量之后才能有用，但是真实世界中仍然有许多不可量化的因素。只关注可衡量的数字，而忽略那些不可衡量却真实存在的东西，也可能失之偏颇，甚至用冰冷的数字掩盖鲜活的事实。

此外，过度依赖数据分析也可能把手段混淆为目的，引发失真、失灵和失调，迷失大方向。大炼钢铁就是一个例子，当具体钢铁产量的指标变成大家唯一关注的东西的时候，这一指标也就丧失了信息传递的意义。

熊彼特曾经说过："添加再多的邮政马车，也永远得不到一条铁路。"这句话有两层意思，表面上的意思大多数人都能理解，是在强调像蒸汽机这样开创性的科技会推动巨大的变革。但熊彼特隐含

03 组织篇：拥抱长期主义

的另一层意思却常常被人忽略,蒸汽机作为工业革命的高科技产品的确带来了变化,但是如果没有与之相辅的其他变革,比如股权融资这种全新经济组织的出现,仍然不会创造出铁路网这种全新高效的交通方式。

对技术的应用和潜力的挖掘,取决于外部环境、新技术本身的潜力,同样重要的是需要领导人的推动。二战之前,美国科学家就研究出了雷达背后的技术应用,但根本无法引起军方的注意,直到万尼瓦尔·布什被美国总统罗斯福任命为新设立的国防部科学研究与发展局(OSRD)的主任,才真正推动了雷达在空军的应用,帮助皇家空军赢得了抵御德军空袭的英格兰空战的胜利。OSRD 也是推动众多发明的国防部高级研究计划局(DAPRA)的前身。

布什的跨界背景——在 20 世纪 30 年代他就以连接学术、产业和官僚机构而著称——让他能推动雷达的技术被军方应用。而罗斯福对 OSRD 的第一推动也不可小觑。1940 年 6 月布什经由罗斯福的幕僚在椭圆形办公室拜见了总统,提交了一张只有四段话的备忘录,强调新科技对打赢战争的重要性。罗斯福听完直接在备忘录上批复同意成立 OSRD,为布什发挥自己的推动力提供了组织和制度的平台。

前文提到的《创新进化史》一书中提出,让新科技真正带来变革,需要从简单的发明,上升到"形成功能系统的构件集合",再上升到"某一文化的可用设备和工程实践的整体集合"。换言之,作为器物的新技术如果没有与之相辅相成的制度安排和新的组织方式,很难真正发挥作用。可以说,技术创新的本质是通过引进新形式的组织以改变经济。这就需要给制度创新和治理创新留下充足的空间,推动技术、经济和相关组织形式和制度的共同进化。

培养鼓励说真话的文化

应对变化的组织变革还需要塑造优秀的文化。当外部环境发生变化之后,领导者要率先意识到改变文化的重要性。衡量一种文化是否成功,要看组织中的每个人的行为是不是遵循组织所标榜的文化。

文化是什么?文化的落脚点是制度和人事。优秀的文化,首先需要营造一种实事求是的氛围。其次需要塑造一种敢于承认错误,敢于承担责任,能够尽快纠正错误,有担当,不媚上的文化。NASA的基层工程师所表现出来的科学精神就是这种文化。应对阶层组织中容易产生的惰性和僵化,最重要的是鼓励讲真话的文化,尤其是一个组织中的负责任者,更需要带头讲真话。

怎样才能讲真话,而不是找各种理由和借口推诿和甩锅?这不仅需要勇气,更需要判断力和叙事的技巧。

在太多情况下,负责任者有这样或者那样的理由不愿意直接讲出真相。比如企业因为经营不善需要裁员,这件事CEO该如何与员工沟通？是偷偷摸摸地让一些员工走人，搞得公司内部人心惶惶，小道消息疯传，还是召开全员大会，开诚布公地宣布实际情况？

负责任者必须意识到，你没有办法改变现实。既然选择裁员，就不可能避免要受到被裁员工的抱怨吐槽。但是，负责任者也需要意识到，讲真话的同时也是他们塑造话语权，赋予真话全新意义的机会。事实虽然是冰冷的，但是不同的叙述方式会决定真话的感染力和说服力。在信息社会，真相公布之后难免会有多种多样的解读和误读。这时，如果负责任者能够努力将自己的解读，自己的叙事形成企业主流价值观，就可以增强员工凝聚力和信心，为共渡难关奠定基础。

具体该怎么做呢？有三点建议。

首先需要清楚地讲出事实来，一是一，二是二，不隐瞒，不修饰。

其次需要敢于承认错误，承担责任。如果是因为决策失误导致企业扩张过快，在经济急转直下的时间节点需要裁员，CEO需要敢于承认裁员是因为自己的决策失误，是因为自己之前对未来的判断过于乐观了。诸葛亮之所以挥刀斩马谡，就是用实际行动承认自己的用人失误。诸葛亮自己同时提出辞职，也是承担责任的表示。即使被慰留也在情理之中，但是做出引咎的姿态很重要。

第三，需要讲清楚大局。为什么短期的裁员对于长期公司的发展有益？如果讲不清楚这个大局，就很难让自己的叙事有感染力和号召力。

超越乌卡：不确定时代的长期主义思考

　　罗斯福总统发表的就职演说就是值得学习的例子。1929年的全球大萧条给美国经济带来重创，罗斯福1933年年初就职时经济仍然没有起色。他在演说中开宗明义："首先，让我告诉大家我的信念：我们现在唯一需要恐惧的是恐惧本身，这种莫名的、毫无根据的恐怖阻挠了我们将撤退转变为进攻所需的努力。"这样铿锵有力的话语，对于激励深陷经济衰退中的美国人而言，无疑振聋发聩。而"我们唯一需要恐惧的是恐惧本身"这一言简意赅的金句，让深陷困境的人们打起精神，为罗斯福推出新政铺平了道路。

03 组织篇:拥抱长期主义

企业帝国掌门人的谢幕

2020年3月2日,执掌通用电气(GE)长达20年的传奇管理大师杰克·韦尔奇逝世,为跨产业企业帝国的时代画上了一个句号。在1981到2001年担任通用电气CEO期间,韦尔奇推动了GE的持续发展,令这家发明家爱迪生创建的百年老店成为全球市值最高的公司。可圈亦可叹的是,他功成名就退休之时,也恰恰是GE企业帝国自高点衰落之时。

他的门生兼继任者伊梅尔特执掌的GE江河日下,资本配置的法宝似乎失去了往日的荣光,产融结合的GE资本在2008年金融海啸中遭遇重创,而并购做强的推手也因为大势判断失误,鲸吞阿尔斯通发电业务带来的大窟窿,至今仍然在困扰着这一企业巨头。当然,过去20年也是全球企业大转型的时代,数字经济的崛起让平台企业占据了全球市值最高十强的七个座位,把曾经市值最高的GE这样的多元制造企业挤下神坛;工业4.0,智能制造,变产品为服务、构造管理装备机械的产业物联网,这一系列拥抱数字经济的变革,在制造业内的推动远比在依赖智能手机和码农云端工作所构建的虚拟世界要困难得多。韦尔奇的逝世,让我们有机会去回望和梳理

超越乌卡：不确定时代的长期主义思考

20世纪最后20年老牌跨国企业帝国的最后辉煌，思考这个"著作等身"的企业思想家的管理思维，哪些仍然值得借鉴，哪些已经濒临淘汰。

传统的GE代表了一种企业帝国式的管理资本主义，强调管理者的优势。韦尔奇就是这种全能型管理者的代表："我们锻造出伟大的管理者，然后才制造出好的产品和服务。"这种管理资本主义的企业帝国文化，认为拥有丰富经验和跨行业阅历的管理者是把多元产业整合起来的关键因素，也能做到"1＋1大于2"的效果，挖掘出企业帝国作为整合资源平台和挖掘与培养人才平台的优势。

韦尔奇在用人和培养人才方面有一套心法。他强调领导者要任用比自己强的人，CEO的角色应该是给在每个特定领域都比自己强的人施展的舞台，而管理者最重要的考验之一是培养他的继承人。

恰恰因为这种用人和培养人的方法，他的属下涌现出一批美国五百强公司的CEO。他退休时的继位战争中的三强，胜出的伊梅尔特继任CEO；角逐失利的鲍勃·纳代利在韦尔奇宣布继承人的十分钟后就拿到聘书，出任家装零售巨头家得宝（Home Depot）CEO；另一位失利者吉姆·麦克纳尼随即被3M公司招募为CEO，并在几年后执掌波音；甚至没有进入候选人序列的高德威在汽车零部件巨头TRW的CEO任上过渡了几年之后就出任了GE一直试图吞并的另一制造业巨头霍尼韦尔的CEO。几乎可以说，韦尔奇培养的管理班底成了美国大型制造和零售业CEO的摇篮。

韦尔奇也推广了更广泛的人才培养和考核机制。GE最出名的培养机制是FMP(财务管理项目),加入FMP的新人在两年内有机会在四个不同部门历练轮岗,成功毕业者随即被放在职业发展快速车道上。FMP项目强调财务是管理复杂多样的业务部门背后的抓手,也凸显了韦尔奇对企业管理的理念:企业帝国存在的要义,就是能够更快更有效地跨业务部门配置资本和人才。当然,也只有GE这样复杂庞大的企业帝国才会有那么多不同的阶层岗位让年轻人迅速成为多面手。在培养训练人才的同时,韦尔奇也推进了一种非常激进的人才竞争机制,每年考核GE员工,考评分A、B、C三等,位居末尾10%的C级员工就会被淘汰。

在企业战略上,韦尔奇对做大和做强特别执着,他对多业态跨国公司的战略选择提出了明确的标准:任何一个业务部门必须在行业内数一数二。换句话说,只有排名在第一或第二位的产业才应该被保留。产业如果排名靠后,要么努力改进让业务能够挺进到前二,要么卖掉,要么关掉。

这种战略被韦尔奇的继承人伊梅尔特所坚持,但却日益凸显了两方面的短板。

做大做强是非常好的战术手段,但有效运用的前提是掌门人对产业的未来有着准确清晰的判断,缺乏这种判断而采用机会主义的做法去并购,其结果可能适得其反。如果只是为了拓展企业帝国的版图而并购,结果则可能是灾难性的。

伊梅尔特在2015年并购阿尔斯通全球发电业务时自以为一箭

超越乌卡：不确定时代的长期主义思考

双雕,一方面打击了老对手,另一方面也把欧洲人视为国家产业冠军的大型制造业企业囊括其中,的确光鲜一时。阿尔斯通的前高管皮耶鲁齐在 2019 年新书《美国陷阱》中,甚至指控美国司法的"长臂原则"帮助 GE 赢得了并购。但伊梅尔特无论是选择并购的时机还是对产业的判断都有欠水准。绿色能源的兴起敲响了煤电发电机的丧钟,而 GE 几乎成了衰落了的阿尔斯通在估值高点的"接盘侠",即使并购后 GE 发电业务全球第一,但当产业发生革命性变化时,这种第一位便不再是优势,而变成了巨大的负担。

韦尔奇所推崇的"1+1>2"的管理整合理念,在 20 世纪 80 年代被"门口的野蛮人"(私募股权基金)逆袭时发现,常常是浪费和低效的遮羞布。"野蛮人"的逻辑,与构建多元化企业帝国的逻辑背道而驰。他们并不认为庞大的管理机构、人才储备和历练能够帮助企业帝国提供效率,他们更希望分拆帝国,挖掘优秀独立的产业集团的估值金矿。

的确,韦尔奇建立的企业帝国,在后续的演进过程中非但不能提高效率,反而在官僚主义与科层制上越走越远。伊梅尔特在帝国掌门人的豪奢路上越走越远,甚至出差时动用两架公务机,理由是担心一架出故障可以随时替换,堪比"空军一号"待遇。

韦尔奇培养出的人才,尤其是那些强调依赖财务管理和流程效率(六西格玛)推动增长的企业帝国管理者,很多人的业绩都经不起时间的考验,这点值得深思。

纳代利在担任家得宝 CEO 期间,虽然通过流程革命使销售额在五年内几乎翻番,但代价却是葬送了家得宝创新的企业文化和新颖的产品设计能力。2019年爆发的波音危机,有评论家认为与麦克纳尼执掌波音的十年脱不了干系(麦克纳尼于2015年卸任),因为他所贯彻的加强财务管理和成本控制的文化——在GE负责喷气飞机引擎部门时,他就曾因为削减成本、裁员10%而著称——与波音此前的工程师文化发生了严重的冲突,为随后为了让737Max快速上市而忽略设计中的安全隐患埋下了伏笔。

韦尔奇当然不应为自己门生后续的职业生涯负责,甚至GE在他退休后股价的长期低迷也只能部分归咎于他退休时的扩张过度。但盖棺定论,韦尔奇所推崇的管理资本主义型的CEO需要重新定义。

一方面,相对于资本的配置,数字经济时代的CEO需要更快掌握配置无形资产和数字资产的能力,这一工作更加复杂,需要创造力和更多的协作;另一方面,韦尔奇培养人才的思路仍有他的现实意义,他所专注的运营能力和跨产业的历练,在日益强调跨度的当下仍将是CEO必需的修炼,不过需要添加两点能力:一个是数字经济时代理解人工智能、洞察数字资产的能力;另一个则是理解大企业的发展需要创意和规模效率并举,而CEO则需要扮演新角色,公平对待创意、内部创业者与规模生产、运营人才,让创意和发展有效衔接,而不是简单粗暴的成本控制家。

超越乌卡:不确定时代的长期主义思考

战略冗余的重要性

什么是黑天鹅事件的特质？很多人说，是不确定性。但是不确定性也分为两种：一种是可以衡量的，或者说是可以从过去的数据中推测出未来发生概率的风险；另一种则是不可衡量的，黑天鹅事件属于后者，因为在人类历史上发生的概率太低，没有足够的数据可以做出预测。当然，更重要的是，即使有人能预测出黑天鹅事件，也无法准确预估它带来的灾害，而这种灾害常常会超乎想象。

黑天鹅事件的两大特点——彻底的不确定性与造成巨大灾难的可能性——也让黑天鹅变得特别凶险，因为它会对既有的体制和机制带来难以挽救的打击。

黑天鹅之所以会带来巨大的灾害，与它总是打我们个措手不及有关。面对潜在的黑天鹅，人类最大的挑战有两个：我们总是不愿意承认自己的知识和认知的不足，也总是相信自己衡量风险的办法。殊不知，一些风险确实无法衡量。爱因斯坦就曾经说过：并不是所有事物都可衡量，也并不是所有可以衡量的事物都重要。用应对可量化的风险的方式去应对黑天鹅，结果常常是人仰马翻。

2008年全球金融危机就是盲目相信人类量化风险指标而准

备不足的例子。危机早期的2007年8月,按照高盛当时的CFO戴维·维尼尔(David Viniar)的话说,投资人见证的是连续多个交易日金融市场发生"25标准差"的巨大波动,而这种波动在理论上——也就是从正常预测风险的角度——根本不可能发生,因为如果用概率来推算,从大爆炸以来人类历史中哪怕发生一次类似的剧烈市场波动,概率都微乎其微。

由1997年诺贝尔经济学奖获得者默顿和斯科尔斯加盟的长期资本管理公司(LTCM)1998年因为俄罗斯国债违约引发的危机而破产,也是因为对黑天鹅式的风险缺乏预案。LTCM很相信自己的算法,在市场发生剧烈波动时没有减少赌注,反而按照算法的逻辑加码。问题是,算法依赖的是对过去数据的分析和正常市场环境中对风险模型的判断,而这种分析和判断根本无法预判到俄罗斯国债违约带来的市场冲击。

新冠肺炎疫情全球肆虐,几乎是1929年大萧条以来全球面对的最大黑天鹅,而对于这只黑天鹅,全球各国普遍缺乏预案和准备,导致全球疫情蔓延到2700万人感染,接近47万人死亡的情形,对于黑天鹅可能造成的危害,我们需要做出最坏的打算,"想人之不敢想"。

历史上类似的例子不少。1914年6月28日奥地利大公在萨拉热窝遇刺,欧洲并没有多少人因此预测到一场全球大战即将开打。即使有人准确预测一战将要开始意义也不大,因为很少有人在当时就预见到,持续四年的一战会带来如此深重的人员伤亡和资产破

超越乌卡：不确定时代的长期主义思考

坏,估计就连一战的发动者也没有想到。发动者之一德国皇帝威廉二世在开启战端时,还沉浸在战争"先发优势"的叙事中沾沾自喜,以为巴尔干点着了火药桶给了他发动战争先机获胜的机会,殊不知他开启的是毁灭性的总体战,与之前他熟悉的战争形式完全不同。

黑天鹅与我们所熟知的可以用过去的数据来量化的风险不同,它需要我们有一整套完全不同的思维方式和做法去应对。

首先,黑天鹅不可预测,也没有预测的意义。即使你预见了黑天鹅,如果没能预见可能深重的后果而做好准备,也无济于事。

其次,需要不断强调,面对黑天鹅的不确定性,我们都是无知的。这也是为什么很多人用"战争的迷雾"(the fog of war)来形容新冠疫情发展的扑朔迷离。同时我们需要一再提醒自己,黑天鹅带来的后果很可能出乎意料!

最后,我们需要专注于对未来的各种可能性做出情景分析,然后对不同可能性带来的后果做出仔细、详尽、多维度的评估,准备好各种应对的预案,这才能应对黑天鹅的意外打击。早在2020年2月底《经济学人》杂志就特别撰文对全球如何应对新冠肺炎疫情提出建议,强调需要公开透明的信息和听取专家的观点,需要政府推动各种隔离措施减缓病毒的传播速度,也需要各国医疗体系做好充分预案,防止医疗挤兑。可惜的是,真正迅速做出反应的国家并不多。

疫情引发的全球经济危机同样是黑天鹅级别的,任何通常的压力测试都无法预见如此需求侧、供给侧和信心侧同时急性休克的情形。以航空业为例,没有哪家航空公司能预想到国际航线运输量在几周内下降到只有之间的1%的情景。新冠肺炎疫情危机因此也对经济危机下的企业管理提出了全新的思考。

新冠肺炎疫情的黑天鹅也暴露出传统管理思维的盲点。我们太过于习惯企业发展的唯一目标是追求利润最大化,而追求这种利益最大化的方式则是把效率推到极致,最常见的就是即时生产(just-in-time)这种供应链管理方式的大流行。而这种过度追求效率,全力打造复杂紧密的全球供应链,而缺乏韧性的问题,在疫情危机中被暴露无遗。

新冠疫情危机因此对企业的管理者敲响了警钟,每家企业都必须思考如何增加"战略冗余"。战略冗余在自然界很常见,比如每个人都有两个肾脏,虽然拥有一个肾脏完全可以存活。在企业管理中引入战略冗余,也被称为从即时生产向以防万一(just-in-case)的管理模式转变,不只是注重效率优先,还更强调应变能力,让企业具备紧急处置的能力。战略冗余就是在危机之中建构的能力,需要人力资本,也需要储备的资源和资金。

强调战略冗余的管理模式,就需要提高系统中的韧性。

以供应链为例,衡量供应链的韧性,有两大标准。第一:当一家企业突然面临关键原材料短缺时,它还能存活多久?第二:如果出现关键原材料短缺,企业需要花多长时间解决这一问题,恢复生产?解决问题的方式是尽快寻找其他供应商,或者让既有供应商尽快调换自己的冗余产能方向。

新冠肺炎疫情来袭时,全球各国医疗体系都暴露出程度不一的

超越乌卡：不确定时代的长期主义思考

口罩、防护衣物、呼吸机等重要医疗物资和器械的短缺,也的确涌现出了不少有韧性的企业。比如吹风机生产商泰森和F1赛车厂麦克拉伦都在短短几周之内生产出了简化的呼吸机。只是,疫情当前,哪怕是几周的耽误都可能来不及。等两家厂商生产出呼吸机的时候,市场对呼吸机爆增的需求也结束了,因为医疗挤兑的高峰已过。

战略冗余还包括现金的储备。美国很多大企业在融资非常便宜的过去十年把大量的收益用于股票回购,而不是投入到推动未来增长的研发,或者构建自己应对危机的现金储备上,现在看来是巨大的失误。以美国四大航空公司为例,它们目前从美国联邦政府申请到的紧急纾困资金,只是过去五年来股票回购所花的现金的几分之一。换句话说,如果它们没有在资本盛宴时的短视,原本应具备抗击疫情次生经济危机的韧性。

更进一步来看,构建企业的韧性也需要对完全市场化的资源配置再检讨,很多情况下,即期的成本和收益很容易被衡量,但衡量韧性却比较难。如果市场配置资源只依赖容易衡量的因素,而忽略难以衡量的因素的话,很难期待企业自身在危机过后还能想起"战略冗余"的重要性。按照一位美国疾控中心前专家的话说:对疫苗研究的忽略,"是全球性的注意力缺失"。

最后再审视一下新冠疫情的最重灾区之一美国。在对美国防疫失利的反思中,有两点思考很到位。

其一,如果你尽可能夸大瘟疫的可怕(也就是前面强调的具备"想象力"),促使人们更早采取保持社交距离的行为,就可能会避免灾难的发生,但可能会在事后被诟病为夸大事实,这是疾控人员必须克服的两难。

其二,大流行病不比其他风险,可以让政客去权衡不同选择的利弊。政客如果在大流行病暴发的当口还在考虑其他利益,从而无法有效一致地发出让老百姓社交隔离的信息,就会犯下巨大的错误,这一错误,从特朗普到英国首相约翰逊再到纽约市长,都一犯再犯。在平常可量化的风险比如经济衰退面前,老百姓充满疑惑,政客需要做的是打气鼓劲。但是面对感染性如此之强的大流行病,因为它是可能带来毁灭性灾难的黑天鹅,政客只有一个选择,那就是让人们尽快改变行为——戴口罩、勤洗手、不聚集、保持社交距离,不然的话,灾难只可能严重到无法收拾。

应对黑天鹅,归根结底需要跳出对风险分析的权衡的思路,必须得直面危机。

组织的变革与创新

在一个快速变化的世界,人类的组织,尤其是企业组织需要巨大的变革。一方面企业需要跟上外部变化的脚步,另一方面企业又需要有能力持续创新。企业组织如何创新才能够在业绩持续增长的过程中保有创新的活力,同时又能够敏锐地应对变化,这是企业管理者需要深入思考的大问题。

挑战的一个具体表现是如何管理规模持续变大的企业:一方面企业希望规模迅速做大,这基本上是投资人对初创型企业最重要的考核指标;另一方面企业又希望能够在规模做大的同时,仍然能保持初创企业的活力、灵活度、对机会的捕捉,以及狼性文化等等。

对于创新组织和臃肿官僚化的大机构,可以用两个系数来进行分析,一个是参与度,另一个是阶层。

在创业阶段,企业还很小,每个人(无论是创始人还是新加入的员工)的参与度和利益得失都差不多,每个人都希望企业能够成功,自己也有机会获得财富,但如果企业失败,每个人都得重新找工作。在这一阶段,企业员工的目标容易统一,也容易推动创新。管理学一般认为150人以下是一种比较小的灵活组织,在这种组织中每个

03 组织篇：拥抱长期主义

人都有机会和其他人建立真实的联系，也有助于员工在观点碰撞中形成新鲜的创意，而恰恰也因为这种广泛的联系，企业的组织不会变得阶层严密。

随着企业规模的变大，企业的组织开始发生变化，管理的层级出现了，每个人的参与度随着阶层的不同而参差不齐，利益得失也因此发生变化。底层的员工更关注如何把眼前的工作做好。西谚有云：一些问题根本不是拿我薪水的人所能考虑的(above my pay grade)，描述的恰恰是这种大局观的缺乏。目标和利益不容易统一，就会产生官僚主义，好的想法被埋没的情况也变得更经常。

问题是：随着企业的发展，创新和规模化发展的"鱼和熊掌"能够得兼吗？

弗格森在《广场与高塔》一书中从社会网络的视角对人类的组织做了细致的分析。广场是市场，也代表相对松散扁平的组织结构；高塔则是高度阶层化的，有着森严的等级。创新如何与规模化发展结合的问题，可以视作扁平的网络和阶层的高塔如何结合的问题。弗格森认为，恰恰因为这两种组织常常缺乏交集，给了经纪人(broker)或者说跨界的连接者有了存在的意义，甚至发挥作用的天地。

弗格森笔下的经纪人就是在两个相互不联通的网络间搭建桥梁的人。他认为，无论在企业内部还是在更广泛的产业中，都可能存在组织和组织之间的缝隙，需要经纪人来填充。而经纪人恰恰因为对两边都比较熟悉，就更容易产生创新的点子，或者至少不被双

超越乌卡:不确定时代的长期主义思考

方的群体迷思所困扰。

两个没有太多连接的网络之间交叉之后产生的张力和冲突是创新和创造的源泉,一个新加入企业中的员工,如果能够看到企业内部网络的脱节点,并且能够将其填补,就会为企业带来巨大价值。

意大利佛罗伦萨的美第奇家族就是文艺复兴时期跨越不同行业的跨界连接者,它跨越了金融、贸易、政治甚至哲学等不同领域。19世纪的罗斯柴尔德家族也是如此,他们之所以成为全球闻名的银行家,一个很重要的因素是他们建立了为各国政要和商界传递重要信息的高效管道。拿破仑在滑铁卢失利的信息,罗斯柴尔德家族的管道比官方渠道早一天知道,这让它的客户可以在国债市场上赚翻。

美国科技创业家巴考尔(Safi Bahcall)在新著 *Loon Shots*(《疯狂念头》)中提出企业保持持续创新发展的幕后推动力,不是文化,而是组织结构。

巴考尔用物理学来比喻人类组织的不同状态。很多物质有液态,也有固态,比如水可以是水,也可以是冰。企业的组织也是如此,有时会像流动的水毫无章法,却充满活力;有时又像固态的冰一板一眼,令行禁止,却缺乏想象力。在通常情况下,这两种状态是相互排斥的。但水与冰在摄氏零度的时候,会出现共存的临界状态。巴考尔因此提出,企业如果要想鱼和熊掌兼得,就得去寻找这种"零度"状态。

03 组织篇：拥抱长期主义

广场与高塔的分野,也可以很好地概括巴考尔对企业如何在保持成长的同时持续创新所提出的方案。他提出首先需要企业清晰地分割成两部分:一部分组织结构扁平化但保持创新活力,就好像创业阶段的广场;另一部分则是阶层相对严密,强调纪律性和执行力,服务于提升生产的效率,仿佛高塔。其次,两个不同组织之间需要有跨界者也就是弗格森笔下的"经纪人"来有效连接。这个跨界者需要集创造力和内部推广能力于一身,熟悉两种"语言",既能了解设计研发人的技术话语,又清楚生产营销部门的想法。

二战时担任卡内基研究所所长的布什就扮演了这种跨界者的角色。他当时在美国罗斯福总统的征召下创建国防部科学研究与发展局,主要目的就是研发生产可以打败纳粹的新武器。

新武器的研发需要民间的科研机构与军方紧密协作,但军队与民间科研机构之间有着巨大的文化和组织差别。军队需要强调严格纪律,这样才能坚韧不拔,如果松散了反而有危险,所以军队的组织严密得像冰。但是这种组织很难推动创新,因为军人很容易产生路径依赖,不愿意改变。相反民间的研究机构组织松散,强调自由,灵活如水,习惯了这种文化的教授和学者也不容易在整齐划一的军队文化中有所开创,必须给他们足够自由的空间。军人和教授之间相互轻视,让建立合作所需要的最起码的互信都难。

罗斯福选择布什来啃这个硬骨头,就是因为他在二战前已经名声在外,曾经担任麻省理工学院教务长的布什,具备能够跨越科学、产业和政府三界的能力。

超越乌卡：不确定时代的长期主义思考

布什的做法很简单，一方面，他确保真正把研究人员与军方从组织上隔离开；另一方面，他本人又作为中间人，把两者有效联系起来，及时把研究者的创新理念传递给军方，推动新武器的制造。

布什很早就意识到，企业内部完全可以存在两种不同的环境，一种是鼓励创新的环境，另一种则是致力于规模化生产的环境。但是两者并存的前提是有一个有效连接的跨界者，而且这名跨界者不仅需要精通两种文化，熟悉两种"语言"，而且在"脚踏两只船"的时候，一定要一碗水端平。

很多企业都鼓励内部创业，却忽略了跨界者的作用。施乐就是一个经典案例。打印机复印机巨头施乐很早懂得把研发与生产从组织上分离的道理，所以才选择在远离总部的硅谷设立 PARC 实验室。PARC 在 1970 年年底的确是创新的源泉，第一个图文界面、第一台鼠标、第一个本地网络等都从这里涌现。

但是为什么施乐没能从任何创新中获利，反而是苹果和微软成了 PARC 实验室创新的最大赢家？不是施乐公司缺乏创新的文化，而是在公司中缺乏能够连接跨界文化的人，缺乏能够推动创新观念进入市场流程的人。施乐曾经设计出过非常超前的电脑，但是让销售打字机和其他办公室设备的人去推出个人电脑这种全新产品的做法完全不切实际，因为这完全是不同的产品，销售者未必充分了解个人电脑。

回到创新本身。英国泰晤士报专栏作家赛伊德（Matthew Syed）在 *Rebel Ideas*（《反叛思想》）一书中强调，在网络与网络交接的边缘

03 组织篇：拥抱长期主义

最有可能碰撞出创新的点子。赛伊德总结认为，创新有两种，一种是渐变的创新，就好像是在进化中不断试错；另一种是合并式创新，就好像通过交配产生的物种演变。前者在特定领域内不断深耕，后者则经常是跨界的，被他比喻成思想在交配。在自然界，无性繁殖所带来的变化永远慢于有性繁殖，创新也是如此，尤其是进入到数字时代，合并式创新异军突起，成为创新最主要的推动力。

未来，合并式创新将变得越来越普遍，也需要企业打破自身的藩篱，从产业乃至更广阔的社会网络中汲取创意，因为很多创新的点子来自企业间人群的"协作"。企业所处的社会网络开放与否，两者结果天差地别。"如果你希望有酷炫的科技，需要的是合群而不是聪明"，赛伊德在书中写道。因为在未来，孤独创新者的时代早已结束，任何创新都需要团队的奋斗，群体和社会网络才是创新的温床。

比较一下波士顿和硅谷就可以发现，同样是创新企业，开放和封闭的社会网络会带来截然不同的效果。

在20世纪70年代末，波士顿崛起了许多早期的高科技企业，比如王安电脑。但是与硅谷不同的是，这些IT公司有着完全不同的文化基因，它们各自建立自己的园区，却缺乏存在于硅谷中的包罗并蓄的文化氛围，它们不愿意建立互通有无的社会网络，让不同企业的员工相互碰撞，交换信息，沟通想法。相反，到了20世纪80年代，波士顿附近的高科技企业纷纷树立起各自的高墙，选择封闭而不是开放，禁止自己的工程师与同行沟通，担心与外界的沟通会泄漏自己的技术和机密。

超越乌卡：不确定时代的长期主义思考

越是保守，波士顿的企业就越难从企业群体的创新中受益。无形资产的管理，本身就会有"溢出"效应，简单靠围堵是根本不可能阻止的。相反，硅谷从一开始就是一群极客的天堂，信息传递在社交网络的助力下变得非常快速，创新的节奏也因此加速。恰恰因为保持了流动的基因，社会网络越来越开放，才使硅谷成为后来居上的创新圣地。

04

个人篇:
20年代,职场的剧变

Think of a traditional bacon and egg breakfast: the chicken is involved, but the pig is committed.

想一想英国传统的培根煎鸡蛋早餐：鸡只是参与（贡献了鸡蛋），但猪却很执着（牺牲了性命）。这句话形象描述了什么是"切身利益"，即所谓的 skin in the game。参与与执着的最大区别是：参与只是出一份力，贡献了一小部分产出，一次交易就结束了；执着却需要全心投入，没有退缩的余地。

"人为刀俎，我为鱼肉"，强调的是对抗性的零和游戏；"人为培根，我为煎蛋"，则更可能是人与人合作的常态。你日常行事，是愿意做煎蛋，还是培根？

工作的未来

新冠肺炎疫情在全球肆虐也带来了一些意想不到的副产品：数字化转型加速和虚拟办公/远程办公的流行就是一个例子。而这两大发展正在重新构建工作场景和职场的生存空间。

未来的办公室会是一个什么样子？员工希望有更加灵活的办公方式，企业希望削减办公室的房租；同时企业和员工都很清楚，团队的协作需要面对面的沟通，这就需要办公室更有现代感，更能吸引年轻人。

WeWork一开始是将长租办公楼重新设计分割，以匹配创新型企业的短期需求，在发展过程之中又不断变化以契合办公室文化创新的需求。而这一系列的创新都在顺应面向未来工作的三方面变化。首先是随着移动办公的日益便利，在家或者在外办公的员工日益增加，企业希望有更为弹性的办公环境，把员工与座位的配比减少到一比一以下，以节约办公室租金成本；其次，越来越多的工作需要团队协作完成，面对面的沟通仍然是最有效的工作方式，企业需要用全新的方式吸引员工回到办公室，尤其满足年轻一代对酷和潮的追求，共享办公室提供的更大的共享交流空间，更多的室内运动

超越乌卡：不确定时代的长期主义思考

场地和器械，都是为了顺应这种需求，而满足这种需求的代价是人均而言更小的工位。对于初创企业而言，共享的办公空间也会增加不同行业不同领域人才碰撞的机会。最后，无论是大企业还是初创企业，都希望能够拥有管理更为灵活的办公空间，支持员工的快速扩张和及时收缩，以更好适应市场的变化。当然，这也是 WeWork 被分析师所诟病的一点，一旦景气指标掉头向下，企业无论大小都可能收缩团队，灵活租约在帮助到它们的同时，也会让签订长期租约的 WeWork 深陷泥潭。

如果暂时放下业绩表现放宽视角去观察，WeWork 代表了对未来工作场景的探索，也契合以谷歌首席经济学家哈维尔命名的哈维尔创新定律：未来的创新是聚合式创新，将各种不同领域内现有的模块化的技术进行创意的合并组合，可以推出全新的高估值的产品和服务，而且因为组合方式可以有非常多的可能，创新也就变得日益多样多元。WeWork 显然就是在实践某种"新瓶装旧酒"式样的聚合式创新，现在否认它还为时过早，未来的工作所需要的创新只会更多。

职场的变化

如果梳理一下历史上科技变革给工作和职场带来的变化，可以简单划分为三次主要的转型，而伴随着每次转型都有大量工作被消

04 20年代,职场的剧变

灭,同时又有大量新工作被创造出来。

第一次转型是农业向工业社会的转型,起始于18世纪;第二次转型是电脑的广泛运用推动的工业向服务业的转型,起始于1973年个人电脑的兴起;第三次转型则是以2015年作为起始点,开启了以人工智能作为主要推动力的迈向数字经济时代的转型。

200多年前的第一次工业革命以机器动力取代畜力,迫使大量农民进入制造业,最大的转变是制造业对农业的替代;20世纪70年代开启的计算机革命,则开启了发达市场去工业化的过程,或者更确切说是蓝领工人被自动化取代或者他们的工作被外包到新兴市场。20世纪70年代之后贫富差距拉大,蓝领工人的中产梦破灭,同时计算机革命让熟练使用电脑的白领工人工资更高,教育差距带来的收入差距被进一步拉大。

工业革命和计算机革命都有自动化和全球化两个层次。第一次工业革命所带来的全球化,相对于自动化滞后了一个世纪。比如,蒸汽动力带来的轮船革命和铁路革命,在全球推广需要时间,无法像推广一个APP那样一下子将蒸汽机在全球大规模复制。第二次服务业转型所带来全球化相对于自动化也滞后了将近20年。中国的很多企业甚至现在还身处流程自动化转型之中。第三次转型的特点是全球化与自动化同期而来,一方面是机器带来的自动化取代大量白领的工作;另一方面,全球化带来的通信与交流的便利也正把白领工作的全球竞争推向白热化。

作为前两次大转型的跟随者和追赶者,中国企业在第三次转型

超越乌卡:不确定时代的长期主义思考

中面临着三重挑战,或者说三重叠加。

首先,许多企业本身流程管理自动化转型尚未完成。一些大型企业刚刚完成流程管理转型的 1.0 版本,强调依赖流程来管理人,希望通过流程管理来提高效率。

其次,许多企业已经开始了数字化转型,而流程管理转型尚未完成,流程管理的刚性与数字化转型所需要的多样性和灵活性之间每每发生冲突,35 岁的工程师被淘汰的现象就是例证。"不晋则退"(up or out,也就是如果没有升迁就被淘汰)这种工业时代的阶梯竞争机制,需要在数字化转型中改变。

最后,中国的代际转型过程更激烈,代际的跨越道路更陡峭,尤其是 90 后和 00 后一代进入职场之后,带来了一系列的冲击。这种冲击将会带来价值观的重构,对于工作保障、工作与生活的关系等重要问题都会有重新定义。

理解并顺应这一系列变化,需要我们更好地了解这次转型的特点,以及其背后的推动力。

首先,职场"不晋则退"的单向阶梯正在被解构。

以美国著名的西点军校为例。四年学制加上毕业后的五年服役期,西点军校培养一个学员投入的资金大约是 50 万美元,但是从 20 世纪 90 年代开始,服役满五年的军校生竟然有一半选择退役。这意味着,一半经过军校和军队精心栽培的人,在符合了服役的最低标准之后,会选择放弃军旅,重新选择自己的职业发展赛道。

西点军校的问题恰恰出在它在去工业化和正在发生的数字化

04 20年代，职场的剧变

转型中落伍了。

第一，西点军校培养和塑造人才的思路仍然沿袭工业时代的思路，希望军校生能够从一而终，希望用在学员身上巨大的投入换取他们的忠诚。但西点军校忽略了时代的变化，从去工业化到数字经济时代，选择和找到适应自己发展的赛道对于每个人来说都变得至关重要。军校有一套非常好的筛选机制，选拔出来的都是非常优秀的人才，问题是这些人才在18岁加入西点军校时，许多可能并不知道自己的未来想做什么，或者说适合做什么。虽然大多数军校生都承认，军校给予他们的是一生无法忘怀的，但随着时间的增长和阅历的增加，他们中的很多人可能意识到军队并不是最适合他们发展的环境。换句话说，经历了军校和军队的洗礼后，他们对自己的职业选择变得更清楚。

第二，军队传统的晋升机制出了问题。军校生无论在校内还是在毕业之后都竞争激烈，但军校仍然只提供一条晋升阶梯。在工业时代，筛选出服从命令听指挥有强大执行力的人才是最合适的选拔人才机制。但是进入了数字经济时代，军队的需求和军队的挑战也发生了本质的改变，它需要服从命令、有执行力的军官，同样也需要跨领域多元化的人才，需要在传统的晋升赛道之外添加各种不同的赛道，让人才能够在军队内找到更多职业选择的机会。

西点军校的例子凸显了向数字经济转型过程中职场发生的巨大变化。每个人都有机会寻找合适的工作，在剧烈变化的职场，找到和抓住合适的机会对于个人的发展而言变得至关重要，职场的进

超越乌卡：不确定时代的长期主义思考

阶之路不再是循规蹈矩的。另一方面，每个人也面临更多挑战，因为传统意义上职场向上进阶的阶梯被打破了。很多职业从原先的向上晋升，变成了左右运动(side ways)。这种左右运动需要的可能不只是跨越公司的边界(也就是不断跳槽)，还可能需要跨越不同的行业，不同的职业(跨界)。

其次，三大因素推动了此次转型，除了前文提到的哈维尔定律之外，至少还有两点。

第一是摩尔定律。最早由英特尔公司创始人摩尔提出的这一定律强调，硬件的运算速度每18个月翻一番。在过去的50年，摩尔定律基本准确地描述了计算能力的几何级成长。步入数字经济时代，这种计算能力的增长会体现在人工智能的能力的提升和培养训练人工智能的数据量的增长，这种数据量的增长速度甚至比摩尔定律更快。两者相辅相成，成为推动数字经济发展的一大引擎。

第二则是网络效应。对于网络效应最简单的解释是一个数字平台上的产品和服务，使用的人越多，最新的使用者的获得感就越强。具备网络效应的平台，它的价值随着平台上所聚集的人数的增长而更快增加，提供免费服务的平台聚合起来就可能变成高估值的公司。

这三大推动力使数字经济呈现出爆炸式增长。问题是，每个人对数字经济带来的转变，对机器取代工作的过程的理解，更像是"温水煮青蛙"。与去工业化过程中大型工厂关闭带来的失业和大量制造业岗位流失的巨大冲击和阵痛不同，这一轮转型带来的改变很难

04 20年代,职场的剧变

让人马上意识到。

举个例子,当苹果手机刚刚推出的时候,谁也没能预测到它竟然是一个会改变人类工作和生活方式的产品。最早的苹果手机基本上是一个触摸屏幕效果更好的 iPod,甚至电话的信号还因为天线的问题而不甚流畅。渐渐地,越来越多人的生活发生了本质改变。新的围绕着智能手机作为终端的产品和服务,诸如地图、外卖、单车、移动炒股等,层出不穷。只是,如果你要问任何一个人:什么是数字化转型的分水岭,什么是数字化转型最具标志性的事件?大多数人都说不出来。

与科技变革带来的爆炸式增长相反,人们的反应,新工作的创造,却仍然按照数字时代之前的缓慢速度,而两者之间的时间差,恰恰是整个社会和每个人需要仔细去思考的,因为这是此次转型与之前的最大不同之处。

历史的借镜

科技变革到底如何在消灭旧工作的同时又创造新工作?科技、商业和社会之间的碰撞到底会如何相互作用,历史上有不少例子值得我们借镜。

先来看一下汽车取代马车的历程。

1865年,面临蒸汽机可能会大规模取代马车作为运输工具,

超越乌卡：不确定时代的长期主义思考

甚至蒸汽机驱动的"汽车"会成为道路上的主要交通工具，危及马车和马夫的时候，英国推出了一条法案，俗称"红旗法案"。法案规定，在道路上运行的"汽车"（也就是使用机器动力的车辆），需要至少三个人来操控，其中一个人需要在车辆前面十几米的地方步行，举着一面红旗，让来往的车辆和行人都知道有汽车经过。此外，法案还规定了汽车的限速，在乡村是四英里（6.4千米）小时，在城市是两英里（3.2千米）每小时。这样的法规有效地抑制了蒸汽动力在工业革命后发展最快的英国全面取代马车的步伐。法案直到30年后才被废除。到了此时，已经出现了新的动力方式——内燃机。

那么内燃机驱动的汽车在发明之后用了多久时间才全面替代马车？仔细梳理一下历史会惊讶地发现，量产的汽车替代马车也整整花了20年。而马车发展到极盛的时期，并不是在汽车发明之初的19世纪80年代，而是在100年前的1910年，而那个时候福特已经开始流水线生产 Model T 了。

预测科技带来的变革特别难。1894年的伦敦《泰晤士报》就提出过一个著名的预言：到1940年，伦敦每条街道都将被埋在三米深的马粪下面。虽然1894年配备汽油发动机的汽车已经发明，但是到了1910年马粪的确成了纽约市政最头疼的问题，可以说《泰晤士报》准确预测了马车未来20年的持续增长，它没有预测到的是随后马车的拥有量会呈现断崖式的下跌，到了20世纪20年代末，美国的马匹总量就只剩下十年前鼎盛时期的零头。

04 20年代，职场的剧变

再看一下集装箱颠覆航运业的过程。

有关标准集装箱的概念很早就有人提出，但是真正要推动集装箱的使用，需要各个利益相关方——主要是船运、卡车和火车货运公司，还有码头——确定标准，这并不容易。面临的挑战主要来自两方面。一方面是码头的装船工人。装卸散货轮需要几百名码头工人花上一两个星期的时间，散装货船装船非常危险，经常有工人受伤甚至丧命，此外散装货轮的船运量也有限；相反装卸集装箱只需要几个小时，运量也会大幅提升。虽然集装箱明显优于散装货轮，但是如果转用集装箱，可能会导致大量工人失业，转变首先就会遇到港口工人的抵制。另一方面挑战则来自卡车司机。和码头工人一样，在散装轮时代，任何能运货的车辆都能到码头参与运货，虽然采用集装箱可以让卡车装卸更便捷，但是这意味着卡车司机需要花大价钱购买标准的集装箱货车，对于这些司机而言，付出的代价不言而喻，同样会拼命抗争。

所以，虽然整个航运业很早就意识到采用集装箱会给货运业带来巨大的效率提升，但是真正要全面采用这一新技术，需要克服来自劳工方面的阻力。事实上，推动航运业这次重大变革的，并非来自创新者，而是一位很有前瞻眼光的商人麦克林（Malcom McLean），他抓住了一场历史的机遇。

20世纪60年代末，美军日益陷入越战泥潭，不断在越南增兵之后也需要运输大量补给。当美军向商界询问谁能提供更有效的物流支持时，麦克林毛遂自荐，推荐采用集装箱。而集装箱被证明在

超越乌卡：不确定时代的长期主义思考

一个整合的物流系统(整合了火车、航运和卡车)中最为有效。麦克林看得更深远,他不仅看到了美军在越南补给的需求,也看到了日本和韩国、新加坡等地工业外贸兴起的机会。为美军提供补给的集装箱货轮在越南卸货之后,又可以在日本和韩国等地载上当地生产的产品将其运回美国,这就形成了泛太平洋的货运大循环,去程运送军火和补给,回程则运送亚洲出口的商品,既赚钱,又推动了集装箱的广泛使用,让太平洋航线在不到十年的时间内就取代了连接欧洲和美国的大西洋航线成为最繁忙的航线,也极大地推动了商贸全球化的发展。

故事到这里还没有讲完。大量码头装卸散装货轮的熟练工人面临失业,怎么解决？最终的妥协是让港口在享受新技术带来的效率和吞吐量激增的同时,对既有的熟练工人给予保护,史称额外照顾(feather bedding)。这种额外保护规定码头上按照集装箱货轮出现之前的工人总数雇佣工人,即使已经不再需要那么多工人,仍然要确保他们不会失去工作。类似的做法在柴油机车取代蒸汽机车时也是如此,英国的铁路在同一时期就曾经规定,在使用柴油机车之后,仍然在车上设立铲煤工的职位——也就是给锅炉加煤的岗位——即使柴油车不再有锅炉也不再需要加煤了。两个类似的规定,都是给那些因为科技变革而失去工作的技术工人提供一个安全的缓冲期。

04 20年代,职场的剧变

如何预测工作的未来?

预测工作的未来,有两条思路。

第一条思路是:"未来不会是现在的改进版或者增强版,一台电脑绝对不是一台更好的打字机!"这句话的意思就是,如果用线性的思维来预测未来,一定会错漏百出。1894年《泰晤士报》对于马车未来50年的预测之所以谬之千里,就是直线思维,只推想到经济发展会带来马车需求的激增,从而导致满街的马粪无人清扫,却忘记了汽车对马车的改变不仅仅是动力的变化,也是一种整体的替代。

规模化生产的汽车变得价廉物美而在发达国家被广泛运用,也带来了一系列的变化,这是无论什么人在一百多年前都难以预见的。比如汽车推动的美国郊区化运动给大城市的布局带来的根本性变化,而高速公路网的建设也催生了零售与连锁业的变革。汽车还带来了一系列根本无法预想的监管问题,一百年前,谁都无法设想车辆的管理、驾驶员的培训、驾驶证的管理、交通信号灯的建设等。可以说,汽车给经济和社会带来了翻天覆地的变化,它所创造出的全新岗位,是无从预料的。

第二条思路则是:历史总是在不断重复。这是不是与第一条自相矛盾?不是刚说过,别一看见键盘,就把未来的电脑想象成升级版的打字机吗?

超越乌卡:不确定时代的长期主义思考

事实上,的确有太多的例子证明,历史是不断重复的。比如加利福尼亚州关于无人驾驶运输车辆在人行道上行驶的规定就和150年前的"红旗法案"类似。法律规定无人车需要有人在旁边操控,需要插上红旗来标识它是一辆无人车。

类似的例子还很多。例如2016年伦敦两万多名黑色出租车司机罢工,抗议优步的进入给他们带来了生计上的困难,就和两百年前卢德分子在英国的骚乱类似。伦敦出租车司机们指责优步司机"不专业""不安全",这恰恰代表了"技术+全球化"给职场带来的"不公平"的感觉,和卢德分子指责自动纺织机抢了有经验的手工织工的饭碗如出一辙。

优步的司机都是业余的,优步早期也并没有特别好地去保护乘客的安全。相反,伦敦出租车司机可是需要经过接近三年的培训,考出资质才能上岗。想象一下他们这些经历了长期的学徒过程出师了的训练有素的司机,对那些对道路一无所知、完全按照APP指令行动的"人肉机器人"(他们认为优步司机就是听机器指令的"人肉机器人")的愤怒之情。而这种愤怒和手工织工怨愤自动织布机让没有经验的工人取代了自己的工作一样。

两条思路都直指一项预测工作的未来的关键点:不要去保护职业岗位,在科技变革面前旧工作被取代,新工作被创造出来,司空见惯;相反,需要去思考如何保护劳动者,为他们构建避风港。职场机制虽然要更灵活,但是工作有保障对于劳动者适应变革更重要。

换句话说,面对科技带来的变革,全社会都需要树立一种正确

04 20年代，职场的剧变

的态度。变革会给商业带来巨大的变化，一味去阻碍变革是不可能的，但变革也一定会带来苦痛。关键问题是，应该由谁去承担变革带来的经济与社会成本和失业的苦痛？怎么才能让更多人，至少需要让资本和劳动者能够共同分担变革的成本。

从这一角度去看"红旗法案"，就不难理解它其实是在给高科技突飞猛进的道路上人为地设置路障，它所采用的规定岗位和限制速度等方式，看起来是阻挠先进技术的采用，但何尝不是保护既有马车车夫的权益。同样，无论是额外照顾法案还是保留铲煤工的岗位，本质上仍然是通过法规的方式，确保不仅仅只是由劳工来承担技术变革带来的失业痛苦。

为劳动者提供工作的保障，在数字化转型的变革中将更加困难，也因此更加重要。在当下，颠覆既有的工作，用机器取代工作，注定可以盈利。相反，创造新工作，尤其是那些未知的工作，却很难确定是否有利可图。或许 2019 年 8 月美国商业组织"商业圆桌会议"对公司宗旨的重新定义是一个标志性的开始，在这次会议上，将近 200 位大公司的 CEO 都赞同，股东利益不再是一个公司最重要的目标，公司的首要任务是创造一个更美好的社会。更美好的社会，需要从每个人都能找到合适的工作开始。

超越乌卡:不确定时代的长期主义思考

多元视角的重要性

2020年10月底,美军在叙利亚突袭行动中成功击毙极端组织"伊斯兰国"(IS)头目巴格达迪,背后是情报工作的突破,尤其依赖叙利亚库尔德人所提供的情报。同样,几年前美军击毙基地组织头目本·拉登的行动,也同样归功于精准的情报。然而,很难想象,就在十几年前,美国的情报机构一直在追问一个最重要的问题:为什么对于9·11这样大规模的恐怖袭击,中央情报局(CIA)竟然没能做出任何预判和准备?

原因要从CIA选择特工的标准说起。简而言之,CIA挑选特工的模式是标准的优中选优:名校毕业生、中产家庭、男性为主,而且大多数人都是白人。经过CIA挑选出来的这群人可以说是精英中的精英,但是他们也有一个明显的软肋:过度同质化了。研究复杂多元的全球问题,分析理解异文化背景的人的言行,不仅需要聪明才智,也需要不同的视角,不能有思维的盲点,不然就可能会出现严重的误判。

基地组织要针对美国发动袭击并不是新鲜事。1999年本·拉登在阿富汗的山洞里发动针对美国的圣战演说,向全世界人转播,

04 20年代，职场的剧变

但是 CIA 并不把他视为真正的威胁。更确切地说，CIA 认为本·拉登只是虚张声势而已。在他们看来，在阿富汗偏远山区的一个山洞里一大把胡子穿着原始的本·拉登，希望几句话就煽动起对美国的战争，希望在如此落后的地方亮出几条枪就能跟全世界第一的美国叫板，无疑是蚍蜉撼树，自不量力，根本不需要太多理睬。

但是，如果换个视角，如果 CIA 中有真正了解伊斯兰文化的特工去做分析，结果却可能完全不同：选择在山洞里穿着原始地发表讲话，是因为本·拉登在刻意模仿先知穆罕默德的言行。穆罕默德在一次重要失败之后就退隐山林，在山洞里顿悟，流传下来了古兰经。从这一视角去看，本·拉登的行为要危险的多。

CIA 犯下的第二个错误是，虽然它在 9·11 发生之前就已经发现了不少蛛丝马迹，却没能把重要的线索串联起来。比如参与 9·11 的一名自杀式恐怖分子就曾经因为在美国学习开飞机的时候用大捆的美元现金付款，并且询问很多与驾驶舱安全防范相关的问题而被人举报。又比如，9·11 恐怖袭击的代号是"盛大的婚礼"，当时中东的情报机构已经把这一信息告知了 CIA，仍然没有引起重视。如果 CIA 中有对极端组织有深入了解的特工，他一定不会忽略这条情报，因为在极端组织的宣传中，自杀式恐怖分子在行动完成之后马上迎来的将是进入天堂的荣光。

用同一标准精挑细选出来精英的特工，虽然作为个体有突出的能力，但这并不意味着 CIA 作为一个整体解决复杂问题的能力就更强。恰恰相反，因为成员同质化，因为成员中没有多元的视角，在面

超越乌卡:不确定时代的长期主义思考

对全球反恐这样全新的复杂而又未知挑战时,CIA作为重要的情报机构的集体智慧却大失水准。9·11让美国人意识到,选拔精英需要强调多元视角。

为什么需要多元视角?

我们当下所面临的问题已经变得日益复杂,环境新问题也越来越多,无论是气候变暖还是脱贫致富这样的复杂问题,仅靠专业人士都不一定能有效地解决。有越来越多案例证明,与一个同质化的,来自同一个背景或专业的群体相比,一个更多元的群体,由来自不同圈层、不同专业领域或者不同背景的人组成的群体,解决复杂问题的能力要更强,碰撞出的思想火花也会更多。

多元团队之所以解决问题更有效,一方面是因为现实问题更加复杂,理解和解决这些问题也不可能依赖简单的线性思维,因为复杂问题没有正确答案,需要从不同的视角去剖析问题,才能提出新颖的解决方案。

另一方面,当问题变得日益复杂的时候,每个人都不大可能看得到问题的全部,每个人都可能有看问题的盲点,有时候盲点恰恰是因为专业过专而见树不见林,另一些时候盲点却是因为文化和习惯带来了特有的看问题的框架。

盲点常常被人所忽略,这也是为什么将有着多元视角的不同的

04 20年代，职场的剧变

人组合在一起,相对于背景单一的群体而言,工作会变得更有效。因为他们更有可能拼凑起更全面的图景;因为他们彼此之间意见不统一,可能在争辩中更好地查缺补漏;也因为他们中可能有局外人,能够点出当局者迷的痛点。

文化上的差异就不容小觑。在一次实验中,实验者让一群日本人与美国人观看同一段鱼在海中遨游的视频,结果观感完全不同。美国人关注的焦点是鱼,他们可以很清晰地描述出几条鱼的特征;日本人关注的则是整个环境,他们会去描述海水的颜色、海藻,然后才是鱼的数量。美国人与日本人的观感会有如此大的不同,是因为美国人的文化更自我,更独立,更关注个体;日本人更强调集体,更关注大环境,关注事情发生的背景。两种不同的文化视角所描述的现象,都对,但都不全面,很难衡量谁对谁错。但是如果将两种描述放在一起的话,就可能拼凑出一幅更全面的图景,可以查缺补漏。

每个人都可能有盲点,很多时候只有转换语境,才能发现。另一个案例就很能说明问题:一名年轻的英国女职员,因为觉得每天通勤坐火车太贵,选择在上班途中下车,最后一段路程骑自行车去办公室,这就意味着她得带着自行车进出火车站。做出这一选择之后,她才"发现",很多火车站都没有供自行车(当然也包括残疾人用的轮椅)上下进出的坡道。这种观察,在之前没有携带自行车出入火车站的时候,被她完全忽略。

我们看问题都有自己的一套框架,这样的框架可以是文化的背景、专业的训练,阶层的不同、眼界的差异。2019 年诺贝尔经济学奖

超越乌卡：不确定时代的长期主义思考

获得者班纳吉的研究就发现，贫穷常常限制了一个人的想象力，也是同样的原因。

中国古代晋惠帝"何不食肉糜？"的典故就是一个受限于思维框架的例子，我们在批评晋惠帝弱智的时候，其实要多些包容，因为他本是身在深宫中，养在妇人手，根本没有劳苦大众的生活经验，要让他站在老百姓的视角换位思考，太难。事实上，类似"何不食肉糜"的例子比比皆是。

20世纪80年代，英国政府提出要增加地产税，苦了伦敦市内很多依赖养老金度日的老年人，有些老年夫妇需要拿出养老金的四分之一用来交税。面对这一问题，英国政府中从牛津剑桥等英国名校毕业的政策制定者们给出的回答竟然是："他们总可以卖几幅画吧！"贵族和富人家里当然可以典当出一些艺术品补贴家用，可是普通人家里并没有收藏！

英国前首相布莱尔当政时也闹过类似的笑话。为了整治街头扒窃，他曾经要求增加对小偷的罚金，一旦被抓住，就要他们掏出100英镑的罚单，如果没钱警察需要押送他们去ATM机取钱。布莱尔认为，只要警察严格执法，小偷就会变少。他的这个建议被普通人所诟病：因为小偷身上不可能揣着100英镑那么多钱，大多数小偷也根本没有借记卡。用首相之心胸度小偷之腹，也会出问题。

其实，"何不食肉糜"凸显出来的问题是每个人都只熟悉自己的生活方式，并且会在很不经意之间把自己习以为常的选择和态度投

04 20年代，职场的剧变

射到想要解决的问题上,这样无意识的预设立场,恰恰是一群相似的人解决复杂问题时更低效的原因,因为他们在一起只可能会强化共同的预设立场,而更不容易跳出自己的思维定式。在这种情况下,换位思考其实是最难的,因为没有人会站出来挑战这种思维定式。

复杂问题需要发挥集体智慧

面对复杂问题,多元视角也有助于挖掘不同人看到的不同的信息,有助于重要信息在群体内的分享,真正做到集思广益。恰恰因为能掌握更全面的信息,群体的智慧与个体的智慧相比,会更聪明。

有一项预测未来经济发展的速度的实验,让六个来自不同专业领域的预测者和一名经济学专家的预测比较,结果发现,六个人的集体智慧所做出的预测的平均值,比经济学专家的预测还要更准确。一个人再优秀,所掌握的信息依然有限;相反,有着多元视角的一群人,可以带来更多重要的新的信息,让我们对复杂问题的分析更清晰,也更全面。

《乌合之众》一书中就特别强调集体的智慧:让一群孩子推测玻璃罐里装了多少颗糖,把他们的预测值平均一下,会和真实的数字相差不远。只要大众的预测是独立完成而不是受别人影响的,把他

超越乌卡：不确定时代的长期主义思考

们各自的猜测值平均下来就可能产生集体的智慧。是否能发挥集体的智慧，在处理复杂多变的问题时，可能关乎性命。

为什么登珠峰的风险那么高？有机构统计，在过去半个世纪登顶珠峰的尝试中，有至少130人牺牲，死亡率高达四分之一。并不是山可怕，而是在登顶珠峰的准备工作中可能出现各种小错误，而珠峰的外部环境变化则是瞬息万变，小错误的累积加上骤然变化的外部环境，在八千米之上的死亡地带就意味着可能引发大事故。

好莱坞影片《绝命海拔》就记录了1996年登顶珠峰出现的一次导致八人丧生的大事故，而这一案例也有助于我们理解人类解决复杂多变问题时集体智慧的重要性。

对于那次惨剧，不同的亲历者有不同的记忆，比如当年随队报道的记者就写了一本书——《走进空气稀薄地带》(*Into Thin Air*)，力图从自己的视角讲述真相。但如果综合幸存者的记录分析一下会发现，这个登山团队相互之间很了解，在危难的时候也能够相互帮助。登山队的总领队为了帮助一名登顶之后体力不支的队员下山，最终两人都死在第四营地之上的希拉里台阶边上；另一名领队虽然提前下山抵达四号营地，却在暴风雪来临的时候冒着生命危险三次走出营帐，把接近十名几乎迷失方向的登山者接回营帐；还有一名登山队员自己已经安全回到营地，在听到广播里说希拉里台阶上有人被困时，仍然勇敢地向上攀登去营救别人，但没能回来。这些案例都体现了勇敢与善良的美德，展现了在灾难发生之际人性最

04 20年代,职场的剧变

美的一面。但是这种个体的勇敢并不能避免悲剧的发生。

悲剧为什么会发生,首先是团队没能发挥集体的智慧,登山队员在复杂多变的环境中并没能质疑权威,分享他们自己观察到的新情况。总领队在登山前的动员会上强调,最后冲顶的路上,他不希望有任何不同的意见,一切都要听从命令,服从指挥。在登顶珠穆朗玛峰的语境中,总领队的说法没错,因为八千米之上是无人区,登山队员在这个区域里待的时间越少越好。总领队是经验非常丰富的登山者,此前曾经成功登顶四次,队员们无不认为听从最权威的指挥没错,况且山上天气瞬息万变,听从专家的经验判断才能保证成功。

但问题是,一个团队在最后冲顶的途中,因为所处的位置不同,观察到的信息也有差异,如果能够更有效地将这些信息分享,团队就可能做出更准确的判断,也可能在总领队犯错的时候及时纠错。

事实上,无论是汇集集体智慧,还是及时纠错,这支登山队都没能做到。

总领队制定的折返点是下午一点,最晚下午两点,可是总领队本人登顶的时间却是下午两点四十,也就是他并没有严格遵守自己制定的时间。他或许因为身体异样而头脑不清醒(在无人区,出现这种情况很正常),他或许太希望帮助自己的客户完成登顶的愿望而甘愿冒险。但是团队里一位年轻向导其实已经意识到了问题,却没能及时带领在两点之前没有登顶的客户安全折返,这是直接导致惨剧发生的错误。

参与登山的队员在途中也观察到了一些异样的情况。一名成功登顶下山的队员在休息点补充氧气的时候,另一名向导告诉他预留的氧气瓶全都是空的。事实上他发现这些氧气瓶只是接口被冻住了,他本人就补充到了氧气。但是他并没有纠正向导的错误。后续下山的人,都以为休息点没有氧气,而错失了补充氧气的机会。在无人区,氧气就意味着生命!另一名登山者是资深的飞行员,他登顶后看到远处山口有一片乌云,以他的经验,他知道那是非常危险的雨云,意味着暴风雪马上就要扑过来。如果在飞行途中看到这样的雨云,他会选择立马躲开。但他却没有把这一信息及时告诉其他尚未登顶的队员和向导。或许他以为,在登山问题上,他只是客户,而向导应该更有经验,结果错失了让这些人提前折返的最后机会。

这一系列的错误叠加起来,加上突然到来的暴风雪,最终导致了12人遇难的惨剧发生。

多元思维带来触类旁通

介绍一个很著名的思维试验。医生发现一个病人身体里有一个肿瘤,需要及时治疗,不然会危及生命。但是医生无法切除肿瘤,只能使用射线放疗。射线剂量要足够大才能杀死肿瘤,但是如果使用如此大剂量的放射线,也会杀死射线经过的其他健康组织。如果

04 20年代，职场的剧变

要确保病人身体不受影响，射线的剂量就要足够小，但是这样一来也就无法杀死肿瘤。医生该怎么做？

很多医生对这个题目束手无策。

再举一个例子，一个将军围困了一座城池。他有足够的士兵可以攻下城池，但是必须同时将所有士兵全都安排到城下才能确保攻城顺利。问题是，城下的道路曲折，很难让大部队展开阵势。将军应该怎么办才能破城？

很多人更容易解答第二个问题：将军可以把自己的军队分解成小分队，每个分队领导都带上表，出发前对好时间，确定在固定时间一同抵达城下，然后选择各种不同的小道出发。

解答完第二个例子之后，也会打开解答第一个问题的思路：如果从不同的角度向肿瘤发起放疗，每次剂量都很少，就可以确保肿瘤遭受的放疗总量足够大，而对身体其他健康组织的伤害足够小。

把这两个案例放在一起观察，不难看出触类旁通的效果：专家解决业内问题时，遇到困难很可能会钻牛角尖，但是如果其他领域的人从解决自己领域内本质上与其类似的问题入手，全新的视角就有可能会带来突破。放疗手术和将军攻城在表面上看来是风马牛不相及的事情，但是本质上两者的解决方法都有共通之处，都需要化整为零，又从不同方位同时发动进攻。

美国西北大学做过的一次分类测试也颇能显示到底什么是"触类旁通"。测试中列出了一系列经济和社会现象让学生来分类。大多数人都很容易按照这些现象所属的领域去分类，比如把金融泡沫

超越乌卡:不确定时代的长期主义思考

归类为经济学范畴,北极冰层融化则划分为生态学范畴。但是很少有人能够按照这些现象底层结构的相似性去分类,比如把金融泡沫与北极冰层融化划分为一类现象,因为两者都展示出了正反馈循环的结构:在金融泡沫中,炒家因为赌股价会上升而入市,而炒家入市本身又推动了股价的上升;同样在当北极冰层因为全球变暖而融化,冰层反射的太阳光就会减少,海洋吸收更多阳光而变热,又加剧了冰层的融化。

只有一类学生在测试中做得比较好,他们是来自美国西北大学独创的横跨至少四个不同门类学科的新学科专业的学生。因为不断进行跨学科的训练,这些学生发现跨领域问题中类似性结构的眼光比别人都毒辣。

多元化视角也能带来重要的外部人的思考,也就是所谓旁观者清,避免"不识庐山真面目,只缘身在此山中"。

内部人可能为专业的知识所困,日益精细化的专业知识就好像一层一层的俄罗斯套娃那样,哪怕你强调要跳出思维的框框,突破第一层套娃,外面还有一层更大一点的套娃。这样的专业知识一方面让你能完成很多任务,另一方面却也增加了你的盲点,让你只用熟悉的方法和工具去解决问题。碰到棘手的专业人士解决不了的问题,来自外部的思维就很重要了。

再举个例子。邮轮石油泄露产生的环境污染问题,几十年都没办法解决。石油泄露到海里,形成了好像巧克力一般的固着黏稠物。传统的治污方法是用其他化学的方法来消解这些黏稠物,但效

04 20年代,职场的剧变

果都不是很好,而且会带来新的化学污染。

一个从来没有从事过治污工作的外行人士却提出了完全不同而且价廉物美的解决方案。这位外行人士在水泥工地工作过,水泥从运水泥的车上卸下来时会沿着管道向下流淌,在大太阳底下很快就会凝固。面对此情景的工人却不着急,他们拥有水泥搅动器这种有效的工具,确保水泥不凝固。这名外部人士从供应商那里了解了水泥搅动器的基本原理之后,提出了自己的治污方案:用类似的搅动器搅动石油泄漏形成的固着黏稠物,让它们变得更容易被清理。这一想法也符合外部人士选择新视角的切入点:泄油已经造成了环保灾害,不应该再用化学的方法去处理。相反,可以尝试用物理的方法(搅动)来清除污染,这就是跨界思维。

英国人能赢得二战的一个很重要的原因是破解了德军的密码,有人甚至认为情报战的胜利至少让盟军胜利提前了一年。而英国人之所以能做到这一点,是他们组成的破解密码的团队,不仅有数学家,还选了好几位猜字谜的高手。

要快速准确解答字谜,不仅需要有巨大的词汇量,更重要的是需要钻进对手的脑子里,反向推导设置字谜的人的想法。同样,破译敌人的密码,不仅需要破解编码的数学方法,更需要有钻进敌人脑子里的思维。

英国猜字谜的专家就发现,德军前线的编译官会用自己女朋友的名字来做密码的索引,爱意的传达这时候反而是编码中致命的弱点。如果理解不了这一层人心人性,仅仅依赖数学上的死磕,难免钻牛角尖。只有数学家组成的译码团队不大可能在破解密码的途中停下来,去思考德军里那些使用密码仪的人是谁,有着怎样的想法。

英国人之所胜出,是因为他们意识到,破解密码不只是一个数学问题,还是一个心理学问题。这就好像 CIA 去挖掘反恐情报,不只需要搜集到恐怖组织的蛛丝马迹,还需要有理解不同文化的能力一样。

04 20年代，职场的剧变

成名秘诀

1923年，爱因斯坦第一次访问纽约，在码头和附近道路上夹道欢迎的民众人山人海，《纽约时报》和《华盛顿邮报》两大报刊第二天都在头版刊载了爱因斯坦抵达美国接受盛大欢迎的报道，这位因为相对论而著名的科学家在美国一夜间家喻户晓。

不过如果你查找一下纽约当地犹太人报纸的头版报道会发现，来访的是后来成为以色列第一任总统的魏茨曼率领的犹太代表团，魏茨曼还获得了纽约市长给予的城市钥匙。这篇报道中只在最后提了一句：著名科学家爱因斯坦也随团访问纽约。

对比一下两则报道会发现，爱因斯坦之所以能在初到美国就暴得大名，其实是历史的误会。之所以两万人在纽约夹道迎接，是因为人群在欢迎魏茨曼率领的犹太人代表团，而代表团访美的目的是为在巴勒斯坦建立犹太国而造势。纽约住着大批犹太人，自然在当地社团的组织下夹道欢迎。

但美国主流媒体当时对犹太人建国事业并不关心，在他们眼中，爱因斯坦比魏茨曼出名得多。他的相对论在20世纪20年代初就被英国天文学家观测证实，一下子成为科学界的名人。但因为爱

超越乌卡：不确定时代的长期主义思考

因斯坦来自一战中战败的德国，又是犹太人，而当时美国反犹情绪比较高，他在美国并不被认为是什么科学天才。来到美国前，爱因斯坦还说过一句大话：地球上只有12个人能懂我的相对论，被美国媒体斥之为傲慢，观感不佳。所以如果没有这出万人夹道欢迎的戏码，爱因斯坦很难能成为美国家喻户晓的名人。

但，爱因斯坦既然已经是科学界的名人，美国主流大报还是派出记者去采访他。记者到码头前就发现有两万人夹道欢迎来访的爱因斯坦，顿生敬意。与爱因斯坦直接接触之后，发现他并不是很多人印象中傲慢的科学家的样子，反而穿着有点困窘，回答问题也有些羞涩，时不时露出弥补自己紧张情绪的笑容，在尽可能用简单语言描述了相对论之后，对记者的问题有问必答。显然，爱因斯坦给记者留下了谦逊、不拘小节的印象，加上外面人山人海的欢迎人群，两家大报的报道第二天都上了头版，一下子为爱因斯坦在美国的人气奠定了深厚的基础。十年后卓别林请爱因斯坦游历好莱坞，车行之处，得到许多路人的欢迎。卓别林戏言："你受欢迎，是因为大家都不懂你的理论；我受欢迎，是因为大家都懂我的戏。"爱因斯坦的科学成就难懂，但并不影响他受美国大众欢迎的程度。

如果没有偶然地成为犹太人代表团的一员在纽约接受两万人的夹道欢迎，没有两大美国主流报纸头版的报道，爱因斯坦估计只会是科学圈里的名人，绝不会成为整个20世纪最有名的科学家，被《时代》周刊评为20世纪最有影响力的人。爱因斯坦的幸运恰恰是

04 20年代，职场的剧变

他的科学名气让他可以与一场不大相干的造势活动结合起来，这也把他的名声推广到了普罗大众的心目中去。

爱因斯坦成名的偶然，可以说是成功学的经典案例，从中可以探讨一系列话题：为什么有的人能成名，有的人却郁郁不得志？成名的主要推动力到底是什么？是外在的追捧还是内在的成就和贡献？

社交网络决定成名

成名到底该怎么定义？在 2019 年的畅销书《巴拉巴西成功定律》(*The Formula*)中，来自美国东北大学网络科学研究中心创始人巴拉巴西(Barabasi)即本书作者特别强调，成名是他人眼中的成功，成名来自更多人的称赞，尤其是圈外人的称赞。成名就是除了在圈内知名之外，圈外人也都追捧你，在能理解你的工作和专业的圈子外面仍然能够收获粉丝，受人追捧。

爱因斯坦就是一个非常好的例子。真正能理解相对论的人寥寥无几，但这并不妨碍他被尊奉为 20 世纪最伟大的科学家，因为他被主流媒体投射上了一种光环，一种认知度，而这种认知度一旦被加持，就从某种意义上与他个人今后的科学成就脱钩。

要取得家喻户晓的知名度，必须建立超出自己生活和工作圈子的人脉网络。这恰恰是爱因斯坦成名的最重要的推手。作为犹太

超越乌卡:不确定时代的长期主义思考

人,他并没有将自己局限在科研的小圈子里,他在科研圈出名之后,开始留意圈外的生活。这是他会被邀请加入魏茨曼的访美代表团的原因。当然,如果你已经有名气,也更容易经营这种在自己领域之外的社交网络,魏茨曼何尝不希望自己的代表团中有全球顶尖的科学家呢?

社交网络不仅对成名起到至关重要的作用,要想在某一领域获得成功,进入一个能帮助你成功的人脉网络(核心圈子)也特别重要。

巴拉巴西的亲身经历就很有说服力。他成长在罗马尼亚的首都布加勒斯特。在冷战期间,作为苏联阵营的罗马尼亚人要求学的话,除了去东欧苏联之外,去西方其他地区都很困难。巴拉巴西身边有很多比他聪明得多,小时候也成绩出众得多的人,比如初中就获得国际物理奥林匹克大赛的选手,但是因为没有能够进入西方学术的圈子,几十年后变得默默无闻。而巴拉巴西自己却机缘巧合:作为博物馆馆长的父亲被免职,被迫流放到匈牙利,却给了他在匈牙利上大学的机会,又通过导师谋求到了到美国读博士的机会。这些都是机缘。没有这样的机缘,他就无法进入西方的学术圈子,很难出头。

在获得成绩之后,是否成名、获得名声,还要取决于核心圈子之外的更广义的社交网络有没有意愿推广。

一战时德国的顶级飞行员"红男爵"就是很鲜明的例子,即使一百年后,了解一战历史的美国人仍然知道德国有一个超级飞行员,

04 20年代，职场的剧变

击落过敌机无数。同一时期，法国也同样有显赫战绩的飞行员，但知名度却远不及红男爵。

红男爵之所以到现在仍然著名，有各种原因，包括他的个性，包括他的张扬的做法，比如把飞机漆成红色，也包括他最终战死，这些都有助于塑造他的传奇形象。但是更重要的是，德国军方的宣传机器认为他的勇猛值得包装，以鼓舞士气。相比之下，军方的宣传显得更重要，一个人的成名，有时候与你的能力和努力无关，而是恰好符合别人宣传的需要，就因缘际会，名扬天下。

酒香不怕巷子深，只怕游人没时间

哈利·波特作者罗琳在成名之后曾经以笔名写了一本侦探小说，她希望在青少年魔幻文学之外开辟新的赛道，但希望能够以内容取胜，而不是因为自己的名气卖座。结果，这本侦探小说只卖出去了500本。直到有读者发现小说的作者与罗琳是同一个代理，而且文章的遣词造句有相通之处，才揭开谜底，知道作者就是罗琳。当读者意识到这本侦探小说是哈利·波特作者所写，一下子热卖了几十万本。

罗琳的案例其实是一场检验作品质量和作者名声哪一个更重要的自然测试，测试到底是因为一个人作品有名了，作品才好卖，还是只要是金子就一定能发光。30年前，美国著名畅销小说家史

超越乌卡：不确定时代的长期主义思考

蒂芬·金也做过类似的尝试,结果也是一样,即使是金的手笔,如果是化名出版,仍然无人问津。

那名气真的那么重要吗?没有名气的人岂不是都没有机会了吗?到底又该怎么样才能成名呢,会不会被绕进"22条军规"①中去?

雅虎旗下的一个研究机构 Music Lab(音乐实验室)为此做过著名的实验:招募一万多名年轻音乐爱好者,将他们分组后分别放25支音乐,然后看他们是否能够区分出音乐的优劣。有意思的是,每个分组基本上能很快达成共识,一开始被认定为好歌的歌曲被下载得最多;问题是不同组所选择的好歌却很不相同。这一实验发现,影响好歌的标准可能是最初谁把哪首歌推选成好歌。换句话说,当某个人的喜好成为潮流,大家都特别容易随大流。只是这种喜好有点随机。

音乐实验室后来又做了一次实验,把一些大家喜爱的歌故意排在最后,看看"被埋没的"好歌是不是能够有机会被大众挖掘出来。结果很正面,被压在最后的好歌渐渐被挖掘出来,最后冲到了排行榜的第二。

通过这一实验至少可以验证"是金子还是会发光的"这个道理,

---

① 出自美国作家海勒的长篇小说《第二十二条军规》,此处形容两难的窘境:一个人因为没有工作经验而无法得到工作,但无法得到工作就不能积累工作经验。

04 20年代，职场的剧变

虽然花费的时间会比较长，因为挖掘出优秀内容所需的时间比较长，同时这首好歌最终也并没有冲顶。这一实验证明一个产品要真正成功，不仅需要有热度，有人追捧，还是需要有高质量的内容，假以时日，一定能够找到自己的位置。

问题是，在现代社会，尤其是数字社会，最稀缺的就是时间。创业公司可能只有六个月的时间去证明自己，一项产品、一首歌、一本书，也可能只有一两个月的时间证明自己，在没有外力推动的情况下，它们仍然很可能被埋没。高强度竞争的市场，快速变化的节奏，不会给你太多脱颖而出的时间。

第一次的实验也告诉我们，对于创造性的产品——无论是音乐还是小说——不同的人会形成不同的口味，潮流和名声因此变得更为重要，因为独立评判一个作品的好坏太难了，而在人群中，随大流非常容易。

实验也证实，如果要真正挖掘出群众的智慧，就不能让他们之间相互影响。比如让每个孩子去猜盆里放了多少颗豆子，有足够多的孩子去猜，把他们猜的数字平均，就可能很接近真实的情况。不过，确保答案准确的前提是不能让孩子们的猜测受别人的影响。换句话说，要想挖掘群众的智慧，必须保证他们给出的答案都是相互不干涉的。在现实场景中，不受别人影响非常难，这也是热门的东西更热门，酒香仍然怕巷子深最主要的原因。

超越乌卡：不确定时代的长期主义思考

关于名声，这个世界一直是势利的

　　一个人的成名，如果主要依赖外部人脉网络的认可和影响，那么这样的名声也很可能被扭曲，名不符实的案例并不罕见，尤其当许多成名依赖的是团体的努力，而不是某个人的成功的时候。

　　团队的成功需要多元的人才和团队内部的动态平衡，但是最后外界把成功的名声归功于谁，却不一定与每个人的贡献有关，而取决于外部世界的认知。成功被别人冒领司空见惯，因为世人总是势利的。

　　随着经济日益复杂，要解决的问题也日益复杂，依赖团队解决问题的情况大增，类似居里夫人或者爱因斯坦这样独自解决重大科学课题的例子越来越少。但问题是，并不是所有问题都能找到一两个主要创作者，诺贝尔奖最多也只颁发给三个人。如果一个比较大的团队——几十人上百人的团队——做出开创性的工作，结果一定是一两个人暴得大名，而大多数人默默无闻。乔布斯创造了苹果手机，但是打造智能手机背后的千万个工程师却没有多少人记住他们。整体而言，这也是人类经过千百万年进化之后所获得的能力——把复杂的问题简单化。

　　2008年的诺贝尔化学奖就是一个值得反思的案例。奖项授予了对从海蜇中提取荧光蛋白的发现和应用有突出贡献的三位科学

04 20年代,职场的剧变

家,而从海蜇中提取蛋白质荧光剂的第一人道格拉斯·普拉舍博士(Douglas Prasher)却与诺奖失之交臂。

绿色荧光蛋白(GFP)的发现和应用是生命科学研究领域革命性的里程碑,因为以GFP和其他荧光蛋白为基础的现代分子成像技术,成为生物医药科研中不可缺少的工具,被誉为21世纪的显微镜,彻底改变了人类对疾病的认知过程。

在20世纪80年代初有将近三年的时间里,普拉舍希望能从约7万只水母中提纯GFP基因,他经历了无数次的尝试和失败之后终于提取了完整的GFP基因。但他却又是不幸的。实验耗尽了他所有的研究经费,争取长期教职的面试没有通过,他的研究也没人看好,后续的研究经费没有着落。最终普拉舍选择了放弃,但是仍然无私地把自己的研究成果GFP基因,邮寄给了两位对他的研究保持关注的研究者——哥伦比亚大学的生物学家马丁·乔非(Martin Chalfie)和加州大学圣地亚哥分校的钱永健教授。

17年后,两位教授基于他的发现培养出了蛋白质荧光剂的各种应用场景——比如去观察癌症细胞中蛋白质的变化,或者小白鼠在走出迷宫时的大脑神经变化——并因此获得诺贝尔化学奖。而普拉舍却沦落到在美国乡下的一个汽车4S店开接送班车的地步,挣着微薄的工资。

有人可能会说,普拉舍放弃早了,也可能会说,他对GFP基因的分享太无私了。但是不能否认,他提纯的基因,是乔非和钱永健教授研究的基础。但是诺奖并没能记下普拉舍的贡献。

类似的案例并不少。盖茨在乔布斯死后对两人的成功就曾经这么评价:"史蒂夫和我总能得到比我们应得的更多的赞誉,因为不这么做的话故事就会变得复杂得多。"这句话颇能涵盖名声与功劳的错位现象。当现实变得日益复杂——想象一下第一部苹果手机的问世背后有多少位不同领域工程师的心血——就更需要比较简单的历史叙事,而盖茨和乔布斯就自然是这种叙事的主人翁。

很多时候,因为机缘巧合,因为规则限制,因为这个世界原本就是非常势利的,或者因为其他什么原因,一个人的努力、贡献和才干和他的成功他的名气并不能画等号。这是现实,但理解这样的现实,恰恰可以帮助成功者去谋求变革。

争名分,不能让

一项对突破性科研成果的成绩如何归属的研究发现,一项突破应该归功给谁,并不取决于到底谁付出最多,或者谁最先想到了突破性的概念。相反,它取决于在这一领域内谁被认为是权威。

例如一个初出茅庐的研究者,他和大师一起合作写文章(不管谁名列第一作者,作者人数多了,尤其是科学研究,可能排序是按首字母或者姓氏笔画排序),的确能够在最初阶段给职业以推动力,让他的论文有机会发表。在很多情况下,这也是大师对后辈的提携,

04 20年代，职场的剧变

有了大师的署名，文章的知名度和被引用的频次也可能增加，有助于后辈的曝光。

但是如果长此以往，他就会一直隐藏在大师的阴影下，哪怕再努力，他的真实贡献也很难会被外界所认可，他与大师的合作，一定是大师获得名利。

这是社会的现实。因此，对于任何有雄心的年轻人而言，积累到一定阶段之后，需要学会"单飞"，也就是找到自己独特的细分领域，开创出一片自己的天空。对于初出茅庐者而言，大树底下确实好乘凉。可是时间久了，在树荫下会被阳光遮蔽，想要获得更多阳光雨露的滋润，得及时开辟自己的天地。

资中筠就是一个例子，50岁前，她花太多时间做翻译、做秘书、做捉刀人，直到50岁的一场大病让她突然有时间反思自己半生的碌碌无为，立志要重回书斋做学问。之后很快她就利用美国国会解密档案的资料写出了第一篇有分量的学术文章，成为美国相关研究的带头人。

和很多"成名要尽早"的例子不同，资先生的例子也告诉我们，只要努力，成功随时有可能，只要坚持不懈。

爱因斯坦成为世界上最伟大的科学家，或许出自偶然。他也似乎是成名很早的先例，不到30岁就写出了相对论。但是，现在反观爱因斯坦的成就，却发现他并没有躺在成绩的光环上，他的研究也并没有因为他的名声大噪而止步。他于1937年发表的有关量子纠缠的论文，在几十年后被发掘出来，成为被引用

超越乌卡:不确定时代的长期主义思考

最多的论文。

美国黑人女歌手达尼·洛夫(Darlene Love)就是一个奋起去找回属于自己荣耀的人。虽然声音雄厚特别,洛夫却一直被唱片公司压榨,甚至声音被别人冒领,自己却长期屈居幕后,甚至有一段时间不得不帮助别人打扫房间补贴家用。直到有一天,她在一家富人的别墅里打扫卫生时听见了收音机里传来自己的歌声,却根本没有人提及她的名字的时候,洛夫觉悟了:自己不能永远躲在幕后,需要去争取镁光灯下的荣耀。几番博弈之后,最终洛夫争取到了自己的名分,成为著名的歌手和演员。

为什么要去争取名分?因为在日益竞争的世界里,人与人之间成就的差别并不会太大,但是成名前后的差别巨大。换句话说,每个人的成就是有限的,但是一旦成名之后,它所带来的财富和名声,却是没有边界的,因为成名之后一个人能取得的财富和名声,可能已经与你的能力脱钩。

举个例子,美国著名大学的橄榄球队教练的收入在过去20年涨了20倍。德州大学橄榄球队教练的年薪就高达500万美元,是大学里工资最高的雇员。原因并不是过去20年橄榄球队的教练都付出了巨大努力,彻底改变了橄榄球行业。现实是,教练工资上涨了20倍,与他本人的能力无关,而是因为随着大学橄榄球的热度增加,每个赛季带来的效益也激增。在过去20年,如果你是各方追捧的名教练,就能名至实归。

既然名利场是一个存在的现实,如果想要得到属于自己应得的

04 20年代,职场的剧变

认可,仅仅依赖个人的努力并不够。在外人看来,成名好像只要努力,只要有才华,只要有创意就好了。但是,在现实世界,希望成名的人,除了内在的天赋和后天的努力——这两点都是自己可控的,还需要外在的推动,可以说是运气,可以说是贵人相助,可以说是有人为你打开了一扇门。

高管教练是黏合剂和祛病师

比尔·坎贝尔(Bill Campbell)是乔布斯的老朋友。当年在乔布斯被废黜的"宫廷政变"中,坎贝尔是极少数为乔布斯说话的苹果高管,也因此赢得了乔布斯终身的信任。在乔布斯重返苹果之后,坎贝尔一直是苹果董事会成员。更重要的是,坎贝尔是乔布斯非常信赖的顾问,几乎每个周末坎贝尔都是和乔布斯一起慢走的伙伴,他们习惯在行走中讨论问题。

不过,即使这么亲近,坎贝尔也有不接乔布斯电话的时候。橄榄球教练出身的坎贝尔,每年秋季周二周四的下午都会到当地中学足球队给孩子们培训。熟悉他的人都知道,在这个时间段不要打电话找他,因为坎贝尔自己有一项原则,其中要点之一就是做事就要专注。即使是培训孩子们,他也很尽心,不愿意被打扰。当然,只有一个人例外。当电话响起的时候,坎贝尔会掏出手机,看一看来电人的信息,展示给孩子们看一下,然后按掉电话。那个打电话的人就是乔布斯。

在谷歌执行董事长施密特(Schmidt)(和坎贝尔同时就任苹果董事)和他的伙伴们的笔下,坎贝尔是硅谷的一道"景观",是很多管理者都乐意求教的好朋友,是充满人生智慧的导师。他们的回忆解

04 20年代，职场的剧变

读了什么是高管教练，以及为什么管理者需要好的高管教练。简言之，好的高管教练就是一个能够与乔布斯这样的CEO一起谈心探讨问题，同时又有自己一套管理心法和原则的人。好的高管教练是黏合剂和解压阀，是祛病师和诘问者。

高管教练到底为什么重要，尤其是在硅谷这样高科技公司聚集的地方？因为在这个牛人扎堆的地方，每个管理者都很强势，但是如何确保优秀的人坐在一起作为一个团队能够更好地协作？确保每个人都有清醒的自我认知？确保领导者不被自己的自大所误导，拥有大局观，以公司的长远利益为重？对于这一系列问题，高管教练作为局外人，反而会看得更透彻。

黏合剂和解压阀

坎贝尔有一个坚定的信念——团队比个人更重要。坎贝尔对高管教练的角色定义也很明确：高管教练不是去解决实际问题的，甚至不会参与到实际问题的讨论之中，因为高管教练并不比任何管理者更聪明、更专业或者更有经验，他们需要去帮助管理者和管理团队挖掘团队中存在的问题，把团队的协作理顺了，团队就能更有效地去解决问题。当企业面临问题和挑战的时候，高管教练的最大贡献是成为团队的黏合剂和解压阀。

好的企业需要优秀的高管团队，而优秀的高管团队则需要高效

超越乌卡：不确定时代的长期主义思考

的沟通。黏合剂作为高管教练的第一要义，就是要促进高管之间的高效沟通和全面沟通。坎贝尔曾经连续15年参加施密特周一组织的晨会，不是对产品或者战略做评价，而是确保团队沟通交流，确保任何的压力和分歧都摆到桌面上被讨论，被化解。

沟通说起来容易，做起来却很难，光是教管理者如何开会的书就能摆满一书橱。开会最常见的问题是河马现象，换句话说，开会只是走走形式，到最后总是那个工资最高的人（老板）的观点才作数。如果河马现象占据主导，那么开会就是浪费大多数人的时间，也会打击参会者发言的积极性，因为很快参会的人就会意识到自己的观点根本不可能影响大局，久而久之也就没有人严肃对待开会这件事了。

作为黏合剂，高管教练最重要的技能是鼓励内部的沟通。越是大的企业，复杂的企业，信息就越多，没有哪个管理者能够掌握所有的信息。高管教练需要确保在重要的高层会议上，每个人都能分享信息，确保高管团队中没有信息孤岛。

在与施密特团队每周的晨会中，坎贝尔的角色不仅是聆听每个人的发言，同时也在开会的过程中观察每个人的表情和姿态，特别是那些没有发言的人的反应，希望从他们的表情中发现一些他们隐藏的或者没有表达出的想法。坎贝尔的目的是帮助团队中的每个人查缺补漏，帮助大家解决沟通交流中存在的瑕疵、产生的小隔阂，消弭误解。然后才是推动团队不拖延，面对棘手的问题尽早去解决。

04 20年代，职场的剧变

坎贝尔给高管开会总结出了三个原则：首先需要让每个人都能够更新信息，尤其是鼓励大家分享别人所不知道的资讯；其次是引导讨论到合适的问题上；最后则是要做出决策。很多时候，决策正确与否都在其次，是否做出决策，还是开完会之后没有了下文，对管理团队至关重要。

坎贝尔另一个重要角色是 CEO 的私人顾问。高管教练作为 CEO 的顾问，最主要的工作是帮助他们识人、任人、用人，帮助 CEO 真正凝结起团队。

坎贝尔给谷歌 CEO 桑达尔·皮查伊（Sundar Pichai）的建议就很具代表性。他认为在 CEO 这个层级，领导者应该在考核人才、选择人才和培养人才上花最多的时间。CEO 最重要的角色是搭班子，建团队，选择人才，并给予人才以支持。坎贝尔的另一条建议也很通俗：在搭建团队的时候，CEO 应该选择能人，比自己更牛的人，而不是自己的吹捧者。牛人的标准很简单，在任何一个条线或者部门工作做得比 CEO 还得力的人。

还有一个不可回避问题是内耗，而这恰恰是高效能人士所组成的团队中经常存在的内部竞争带来的副产品。高管教练因此也因此需要扮演解压阀的角色，让每个人都能分享自己的观点，包括吐露怨气和不满，这反过来能促进团队的融合，确保目标的一致性。当然，坎贝尔一再强调团队的重要性，也是因为在节奏日益快速的环境中——硅谷就是一个节奏快竞争强的环境，高管的单打独斗很难保证长期的胜利，竞争考验的是团队的竞争。

超越乌卡：不确定时代的长期主义思考

祛病师和诘问者

坎贝尔很喜欢一位橄榄球教练——曾经执教达拉斯牛仔队29年并且赢得两次超级碗的汤姆·兰德利(Tom Landry)。兰德利对教练有自己的定义：教练就是那个告诉你你不愿听的话、让你看见你不愿意看见的缺点的人，这样才能让你成为那个你真正想成为的人。

兰德利教练的这番话堪称经典：唐太宗说过，"以铜为镜，可以正衣冠；以人为镜，可以明得失；以史为镜，可以知兴替"。兰德利恰恰告诉你，教练——无论是球场的教练还是高管的教练——都是树人的一面镜子：诤言逆耳，正视缺点，目的就是帮助你成为那个你希望成为的人。每个人都有他的弱点和盲点，旁观的教练说你不愿听的话，指出你看不见的缺点，才能真正让你挖掘出全部的潜力。

换句话说，一个好的高管教练应该是管理者的祛病师和诘问者。

著名投资基金A162的创始人本·霍洛维茨(Ben Horowitz)很好地总结了坎贝尔作为一个高管教练给他的启发：他不会告诉我该怎么做，但他通过不断问问题，让我越来越理清楚到底问题出在哪儿了。从某种意义上，这也是对话出真知的体现。

在诘问的过程中一层一层剖析问题，帮助管理者找到盲点，走

04 20年代，职场的剧变

出自己的舒适区，是非常重要的工作方法，这一点与好莱坞著名制片人布莱恩·格雷泽(Brian Grazer)在自传 *A Curious Mind*（《好奇心》）里介绍的工作方法有异曲同工之妙。《好奇心》强调了作为一名高管保持开放心态的重要性。只有开放，才能拥抱多元，才能解决复杂问题，才能听取各方的专家经验，才能更好地应对未来的发展；好的管理是发问式的管理，而不是指挥式的管理，每个人都有优势与盲点，问问题是让信息更好地流动的手段，在数字时代，保证信息更快流动，获得快速准确的反馈，是管理的核心。

一个好的对谈者很重要，高管教练恰恰可以扮演好的对谈者的角色。好奇心对谈的精髓，就是能深入到他人的世界，用他人的视角去看这个世界。因为每个人都生活在自己的世界，自己的圈层里，久而久之，很容易习惯自己的世界，越来越不容易质疑自己的视角。对于格雷泽而言，要拍出伟大感人的作品，最重要的是能从全新的视角去观察，而这恰恰是怀着好奇心的对谈可以让人亲身感受到的。对谈可以让制片人走出自己的小圈子，也可以让管理者走出自己的舒适区。

高管教练作为对谈者还有两点优势。一是会倾听，不预设答案，不去想着如何回答的倾听很重要。另一个是局外人的视角，所谓"不识庐山真面目，只缘身在此山中"。坎贝尔之所以能够在对谈中帮助管理者更清楚剖析问题，恰恰是因为他可以心无旁骛地倾听，又没有利益的纠葛，可以比较超脱地毫无顾忌地去提出尖锐的问题。

当然，并不是每个管理者都是可塑之材。真正能够从高管教练

超越乌卡：不确定时代的长期主义思考

身上汲取养分的管理者需要至少具备两种修养和品格：谦逊和真诚。

只有具备谦逊品质的人才能成为好的团队成员，因为不管高管有多牛，他的成功最终应该体现在企业的成功和团队的成功上。真诚则是全面和充分沟通的基础，也是通过对话挖掘问题的前提。这两项品格也与霍洛维茨在他 2020 年的新书《你所做即你所是》(*What you do is who you are*)中所提倡的筛选人才的要求相契合。霍洛维茨在书中强调了谦逊的重要性，因为谦逊能让人自省，让人能够虚心学习，不断学习，找到自己的盲点。

坎贝尔之所以能成为硅谷众多企业领导者的精神导师，恰恰是他能够帮助他们激发出身上的潜能，这恐怕是高管教练最高的境界。

在你的身边，有这样的高人吗？

04 20年代，职场的剧变

企业文化相对论

什么是企业文化？如果从创业家的视角来看，文化是一项企业的战略投资，需要创始人灌输自己的信念和性格。衡量一种文化是否成功，需要看组织中每个人的行为是否与组织所标榜的文化一致。硅谷著名投资基金A16Z的创始人霍洛维茨在新书《你所做即你所是》中，从创业者如何构建合适的企业文化的视角阐述了"知行合一"的重要性。恰如书名所表达的，塑造企业的文化，不能依靠天花乱坠的话语，而需要企业领导者以身作则。在商业环境快速变化，新现象层出不穷的当下，企业文化需要具备灵活度，也需要领导者拥有足够的敏感度去推动改变。

霍洛维茨的这本新书，强化了企业文化的"相对论"：没有最好的文化，只有合适的文化；要提防僵化的文化给在位者带来迷思，被颠覆式创新所淘汰；领导者不应寄希望于一统的文化，而需要善于管理和包容不同类型的亚文化，成为跨文化的连接者。这三点塑造企业文化的建议，值得管理者收藏。

超越乌卡:不确定时代的长期主义思考

企业文化可以借鉴但不能照搬

不同公司需要选择符合自身特点,有助于达成创始人战略目标的文化,简单效仿别人的文化很多时候都行不通。

2011年谷歌的创始人佩吉找到霍洛维茨,讨论谷歌的文化应该怎么改变。此时,谷歌的搜索业务已经很成熟,为公司发展提供了丰沛的现金流,但佩吉希望谷歌能够持续突破,在主业发展之外,能更好地发展登月项目,寻找下一个发展点。

在此之前,佩吉刚刚跟乔布斯谈过。乔布斯的建议是谷歌应该做减法,专注于几个有潜力的领域,放弃其他各种登月项目。霍洛维茨反过来问佩吉:你到底想要做什么?是几款像苹果一样做到极致的产品还是其他?佩吉的回答很明确:如果我不能去追求那些有可能带来突破的新创意,那我就不是我了。这样的问答也让佩吉清楚了解,乔布斯的苹果不应该是谷歌效仿的对象。

行业的特点常常决定公司的文化。电商起家的亚马逊和零售巨头沃尔玛,虽然赛道有所不同,但都深受零售行业特点影响。零售业是低利润靠做大规模赚钱的行业,需要营造一种节俭的抠门的文化,办公室的桌子一定是最便宜的,出差一定是经济舱,哪怕是沃尔玛的创始人山姆·沃顿也不例外,就是要用行动去灌输这种节俭文化。

04 20年代，职场的剧变

相反，抠门的文化就完全不适合苹果。苹果这样一家强调产品的设计感和美观，希望在技术和艺术十字路口中打磨产品，有着极高毛利率的公司，需要完全不同的文化。同样，当亚马逊跨界进入流媒体领域，开始构建自己的在线内容平台时，它的文化，至少是它的流媒体部门的文化也需要发生本质的变化，因为它需要吸纳好莱坞创意者的文化，吸引更多有想象力的编剧和导演拍摄原创内容，为他们营造宽松的氛围。贝索斯的确做到了入乡随俗，一改技术男的风格，穿上晚礼服参加好莱坞各种颁奖派对，与导演和明星相从过密，甚至因此结识了自己的新女朋友。

亚马逊的例子涉及塑造文化的另外两个要点：当创业企业发展壮大文化变得更加多元之后，需要领导者能理解包容并连接各种亚文化；而当外部环境和产业发生剧变时，文化需要及时转型，领导者必须率先做出改变。

包容并连接公司内部的亚文化

亚马逊进军原创内容需要创意文化，这是一种完全不同于节俭的亚文化。随着公司的成长，公司内部也会出现亚文化。最常见的亚文化就是工程技术和销售部门之间的文化差别。

工程师的文化是讲科学，用数据说法，讲究实证检验，比较直率，有一说一，有二说二。工程师的装束可能更休闲，可能不

超越乌卡：不确定时代的长期主义思考

修边幅,可能穿工装。销售部门则不同。从外表看,销售部门需要穿着得体,因为这能让人产生信任。销售部门内部文化鼓励竞争,讲究用奖金来激励员工,也会让顶级销售享受到各种福利。但这些都不是最重要的。最重要的销售文化是需要销售人员透过现象看本质,因为他们需要从与客户沟通过程中分析出客户的想法和需求。

换句话说,工程师文化讲究的是逻辑思维、流程和执行力,而销售人员最需要捕捉和判断机会的能力。最好的领导者应该善于平衡不同的亚文化。

亚文化之间的竞争带来的难题,在商业史上有不少案例,波音公司就是一个很好的例子。波音长久以来的文化是一种由工程师主导的、强调精益求精的工程师文化。20世纪90年代,波音并购了麦道,却在重组的过程中深受麦道的文化影响。麦道的基因与波音很不同,是一种会计师主导的、强调成本控制跟财务管控的文化。当2005年波音请来通用电气前高管麦克纳尼担任CEO之后,加强了会计师亚文化对工程师文化的渗透。麦克纳尼在担任通用电气引擎业务板块负责人时,就以削减成本著称。到了波音之后,这种成本管控的文化与设计复杂系统所需要的工程师文化发生了尖锐的碰撞,短期貌似合理的削减成本,有时反而会在长期导致更高昂的代价。波音777和787机型的设计生产就出现过类似的问题,而737MAX出现的两次坠机事故更直接与波音成本节约的文化息息相关。出于波音跟空客之间双头竞争的考虑,波音不愿浪费时间设

04 20年代，职场的剧变

计下一代单通道客机，财务上最优的选择是尽可能对原有机型修修补补。设想一下，波音的掌舵人如果是一个拥有工程师思维，也深刻理解安全对于产业而言有至关重要的作用，他是否还会做出类似的选择。

乔布斯就汲取了这种内部文化冲突的教训。在第一次被苹果废黜之前，乔布斯从百事挖来的CEO斯卡利强调要规模化生产，与乔布斯追求极致产品的思路发生直接碰撞，乔布斯甚至不惜在自己的研发大楼上升起海盗旗表示不满。

1997年回归之后的乔布斯，懂得了在不同亚文化之间构建桥梁的重要性，他理解了一个大公司的CEO需要做好两件事：一方面，要在规模化生产当中找到效益；另一方面，需要营造宽松的氛围，给有创意的人以发展的空间。乔布斯的左手，继任成为苹果CEO的库克，是供应链管理专家，规模效益的实践者；他的右手艾维则是设计大师，苹果各种各样的极致产品设计都出自他的团队。而这两个人以及他们所代表的亚文化，有自己的领地，有交叉，有配合，但是又是平起平坐的。

大企业的发展需要创意和规模效率并举，而领导者则需要扮演重要的文化连接者的角色，公平对待创意人才、内部创业者与规模生产和运营人才，让创意和发展有效衔接。

超越乌卡:不确定时代的长期主义思考

企业文化需要有灵活度

当环境发生剧变之后仍然坚持自己原有的文化,其实是文化的僵化,会增多在位者的迷思,进而被颠覆式创新所淘汰。

黑莓是一个常被引用的企业失败的案例。在苹果手机出现之前,黑莓和诺基亚一样如日中天。如果说诺基亚是大众手机的王者,黑莓则是企业用户的宠爱。黑莓认为自己非常理解企业用户的需求:超长的待机时间、方便收发邮件的键盘、符合企业IT系统安全要求等。苹果手机刚刚出现的时候,几乎无法满足任何一条被黑莓奉为圭臬的企业需求,难怪黑莓没有一点危机意识。

但黑莓犯了两个致命的错误:首先它低估了苹果创新的速度;其次它也低估了消费者选择对企业IT产生的影响。前者不用赘言,后者其实是移动互联网时代企业应用颠覆式创新屡试不爽的游戏规则。当消费者认为一个产品特别好、特别酷的时候,他们的选择也会倒逼企业把这样的产品和服务变成企业的核心产品和服务。苹果手机的流行加快了企业接受苹果的速度,而在线协作服务商如Slack也是从消费者免费试用的热忱中找到了切入企业内部即时通信的机会。

黑莓代表了僵化了的企业文化,这也可能会给在位者带来迷思。这种在位者的迷失,其实是没能真正理解颠覆式创新带来的挑

04 20年代，职场的剧变

战,陷入自满和自大,以为可以依赖防火墙和护城河来保持自己在市场中的地位。移动互联网打破了消费者与企业市场的泾渭分明,而黑莓却对这种大潮的变化无动于衷。企业文化的与时俱进,需要从静态思维转换成动态观察。黑莓静态地以为自己最了解企业客户的需求,却忘记了企业客户的选择和竞争对手的发展速度都在发生巨大变化。

文化的与时俱进需要想象力和改变的决心。当然,当时代发生剧变时,就好像新冠肺炎疫情给全球经济带来巨大和深远的冲击之后,更需要企业的管理者迅速转型。

霍洛维茨在书中对平时 CEO 与战时 CEO 有何不同的论述,就特别值得需要转型的管理者思考。战时 CEO 是独断型的,比如说英国二战时的首相丘吉尔,不按排理出牌,为了达到目的不择手段;平时 CEO 则是按部就班,令人感觉平易近人,但是也许对大变局缺乏应对。丘吉尔在二战胜利后旋即在大选中被选下台,恰恰因为和平时期需要全新思维,已经不是战时 CEO 心态的丘吉尔所胜任的了。

大转型期是对领导者的终极拷问,要么努力改变去适应新环境,要么则需要有革自己命的勇气和决心,这或许是霍洛维茨对成吉思汗情有独钟的原因。

代跋

2021，需要拥抱长期主义！

回顾2020年，感慨最深的莫过于不确定性的激增，疫情给全球经济、商业和社会的冲击，超乎想象。2020年也是一大分水岭，新冠肺炎疫情前经济发展的逻辑被后新冠肺炎疫情世界加速的转型和变革所取代。很多人可能会从应对危机中总结出一套新的方法：面对"未知的未知"，或者说黑天鹅，最好的办法就是以变应变，无论是企业还是个人都必须增强短期内应对不确定性的韧性，提高适应持续变化的环境的能力，抓住剧变中涌现出的机会。

这种对短期的重视，其实是一种方法论，适用于任何时期。但要真正应对短期的风险，抓住短期的机会，没有对长期趋势的研判和长期目标的坚持，是不可能的。疫情带来的剧变种下了长期变化的种子，在后疫情时代，如何利用新工具和新方法来解决长期问题，会变得更加重要。

后疫情时代最明显的大趋势是加速的数字化转型，从视频会

代跋：2021，需要拥抱长期主义！

议、网上购物，到居家工作和远程学习，这些原本就存在的工作和生活方式被更多地普及，支持数字转型的云计算基础设施呈现爆炸式增长，企业都忙于组织架构的改革和转型，以求有效地运用新技术。未来，新商业模式和管理模式的涌现将层出不穷，需要企业的管理者跳出短期的机会主义，放远视野。

那什么是长期主义？一言以蔽之，就是有明确的长远目标（purpose），在应对短期变化的过程中，非但不会迷失目标，反而更清楚如何践行"拿来主义"。在2020年下半年，回归长期主义的呼声已经日益高涨。高瓴资本创始人兼首席执行官张磊在《价值》一书中重点谈到坚持长期主义的重要性，强调"追求事业和梦想……着眼于长远，全神贯注并全力以赴"。

理解和贯彻长期主义，有三个思考维度：如何理解短期消解不确定性与实现长期目标需要冒险之间的矛盾？如何在短期涌现的众多机会中做出长期价值的选择？如何清楚区分短期紧急的问题与长期跨时代的重要问题？

在疫情危机之前，我们试图用越来越短的决策周期来应对不确定性，欧美股市考核的是季报，制造型企业的零库存管理（just-in-time）则通过不断把风险推向供应链的上游来减少不确定性所带来的成本。但2021年年初各大车企暴露出因为芯片不足而被迫减产的故事，就凸显了这种管理短期化的盲点——它让车企更加难应对长期趋势的变化。

如果汽车行业还在一个技术稳定市场扩张的阶段，追求效率的

超越乌卡：不确定时代的长期主义思考

管理方式应该被遵循。但汽车企业所处的恰恰是一个新技术取代技术的大变革期,效率和风险的天平,显然要偏向后者。站在长期主义的视角,汽车行业作为被加速到来的数字化转型所颠覆的代表,未来成为"行走的电脑"的发展路径已经非常清晰,芯片日益成为驱动包括汽车在内各种机器的内核就是一大表征。

刚刚宣布要半退休的亚马逊创始人贝索斯就是长期主义的践行者。他特别强调长期的规划,认为伟大的企业至少应该能看到未来三年的发展。每次亚马逊季报不错,投资人都会祝贺贝索斯,贝索斯自己却说,他们其实是在庆祝自己三年前做的决策,是三年前的努力才能确保今天的收获。在亚马逊的致股东信中,贝索斯一再重申自己想要通过投资多个行业赢得市场的领导地位,而不是优先考虑短期利润。换句话说,用十年甚至更长的视角去看一家伟大企业的发展,不断地构建而不是轻易谈收割,才让亚马逊成为全球最大的电商平台,最大的云服务供应商,同时成功引领智能语音交互等诸多新兴领域。

就个人而言,贝索斯特别强调做出人生的重要选择时,需要想象一下80岁的自己回看过去,会不会对当年的选择失望。这也是一种长期主义的思路,避免自己迷失在短期的选择困难症上。站在历史的视角,我们很清楚,作为对冲基金经理的贝索斯(他的第一份工作)和开辟电商的贝索斯,谁带来的长期影响更大。剧变的社会,一定会持续涌现出各种不同的机会。怎么在纷繁复杂的机会中做出自己的选择,坚持自己的选择,需要确立长期的目标。

代跋:2021,需要拥抱长期主义!

坚持长期主义,必须分清楚哪些议题是短期的紧迫的,哪些议题是长期的、跨越时代的重要的问题。针对全球变暖这一跨时代的长期议题,中国在2020年提出2060年实现碳中和的目标,就是一种肩负起大国责任的长期主义思维。短期发展经济有许多路径选择,但保持绿水青山、大力投资绿色能源、持续深入推动节能减排,却需要在短期内做出不小的牺牲。

归根结底,长期主义是一种取舍的方法,在剧变的21世纪20年代,学会取舍更重要!

图书在版编目（CIP）数据

　　超越乌卡：不确定时代的长期主义思考 / 吴晨著
. —杭州：浙江大学出版社，2022.3
　　ISBN 978-7-308-21870-2

　　Ⅰ.①超… Ⅱ.①吴… Ⅲ.①新型冠状病毒肺炎—影响—世界经济—经济发展 Ⅳ.①F11

　　中国版本图书馆 CIP 数据核字（2021）第 278017 号

超越乌卡：不确定时代的长期主义思考
吴　晨　著

责任编辑	卢　川
责任校对	陈　欣
封面设计	卓义云天
出版发行	浙江大学出版社
	（杭州市天目山路 148 号　邮政编码 310007）
	（网址：http://www.zjupress.com）
排　　版	杭州青翊图文设计有限公司
印　　刷	杭州钱江彩色印务有限公司
开　　本	880mm×1230mm　1/32
印　　张	7.75
字　　数	165 千
版 印 次	2022 年 3 月第 1 版　2022 年 3 月第 1 次印刷
书　　号	ISBN 978-7-308-21870-2
定　　价	58.00 元

版权所有　翻印必究　　印装差错　负责调换

浙江大学出版社市场运营中心联系方式：0571-88925591；http://zjdxcbs.tmall.com